身体を持って次の次元へ行く 1

ミナミAアシュタール

はじめに

こんにちは、ミナミです。今、これを書いている私は、二〇二一年に生きています。

今回出版いたしました、「身体を持って次の次元へ行く」1と2は、絶版になってしまった三冊と新しく書き上げました「身体を持って次の次元へ行く」で構成しました。

「身体を持って次の次元へ行く1」は、
二〇一五年「3000倍、引き寄せる。」

二〇一六年「引き寄せの口ぐせ」の二冊を、

「身体を持って次の次元へ行く2」は、
二〇一六年「夢を叶えたいなら、その夢に「名前」をつければいいんです。」
二〇二一年「身体を持って次の次元へ行く」――を掲載しています。
ミナミAアシュタールの二〇一五年以降の活動を加筆した本です。

はじめに

今私が生きている二〇二一年は、びっくりするような世の中になってしまいました。コロナ騒動で世の中は大きく変わり、それに乗じて、どんどん超管理社会のほうへ流れています。この流れから離れたい、まったく反対の丸い社会に移行したいという気持ちが、日に日に切実になってきました。「日本列島から日本人が消える日」を出版した二〇一八年に比べても大きく厳しい方向へ日本は動いています。この社会から消えるためには波動領域を変えるしかない。波動領域を変えるには思考を変えるしかない。そのためには思考の変え方を知らなければと思い、アシュタールやさくやさんから教えてもらった情報を、皆さまにお伝えしたいと心から思い、絶版になってしまった三冊を、もう一度出版することにしました。

この三冊には本当に大切な情報が詰まっています。五～六年前に出版した本だけど、今でも十分すぎるくらい使える情報が満載です。

この本から得た情報、知識を日常生活の中で使っていただければ、この腐った社会から、あなたも私たちと一緒に消えることができますよ！

では、二〇一五年出版の「３０００倍、引き寄せる。」からお読みください！

3000倍、引き寄せる。

ねえ、誰か？

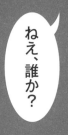

誰か、
いませんか？

願いごとがなんでもかなう。
人生にいいことばかりが起こる…

あれ？ なんだっけ？

そうだ！
「引き寄せの法則」！

どうすれば願いごとが
かなうんですか？
どうすれば「引き寄せ」
られるんですか？

誰か教えてください！

「いいわよ。
本当の〝引き寄せの法則〟を教えてあげるわ。
だいたいねぇ・・・あんたたち、ぬるいのよ！」

あ、待って！　閉じないでぇ！
これ言ったの、私じゃないんです。これ言ったの宇宙人なんです！
私じゃありませんから〜。

この言葉は〝引き寄せ〟をテーマに本を書きたいと思ったときに宇宙人のさくやさんが、言い放ったひとことなんです（笑）。そう、こういう口調のキャラクターなんです（汗）。

宇宙人？？　嘘でしょ、ありえないわ！　そう思いました？　――――ですよねぇ。

私も最初はそう思いました。あなたと同じです。

宇宙人って、あなた・・・ふざけるなって思いますよね？ええ、わかります・・・。

宇宙人が・・・って言うのは置いといても、
この宇宙人のさくやさんが教えてくれた〝引き寄せの法則〟。これがホントにすごい！

さくやさんの教えてくれた通りにしていたら、お金も、仕事も、恋人も、仲間も、
やりたいことも、ぜ〜〜んぶ現実になりました。

その本物の〝引き寄せ〟をあなたにお伝えします。

わかりやすいように私の体験をもとにお話ししますね。

これから書くことは、すべて私の実体験です。


特別なことは、何もありません。

〝引き寄せ〟は、誰もが普段から使っていることなんです。

あなたも無意識にいつも使っているんです。

ただ、それを意識して使う。それだけです。

私にもできたのですから、あなたにもできます。

ダマされたと思って使ってみてください。──イヤイヤ、絶対ダマしませんけど（笑）。

ごあいさつ

あ、はじめまして、ミナミAアシュタールです・・・っていうか、ミナミAアシュタールのミナミです。

ミナミAアシュタールっていうのは、チーム名なんです。

決して外人ではありません。思いっきり日本産の日本人です。


私は、小さなころから変な子だったみたいです。

目に見えない存在とか動物、果ては木や石とも話をしていました。

本人は、それが当たり前だと思ってたんですけどね・・・ちょっと大きくなってから、それって変なんだって気がつきました。

幼いころは、いろんな存在と話をしていました。いつも誰かとしゃべっていたから、きっとまわりからは、ひとり遊び（おままごと）の好きな子だと思われていたでしょう。変なことだって自覚してからは、その存在たちとしゃべることをやめました。

でも、ここにきて――――最近の数年間でまた、いろんな存在の〝声〟が聞こえるようになってしまったんです。ずいぶん拒んだんですけどね。拒みきれなくなって・・・。だって、その存在たちが話してくれることが、すごく面白くなってきて、もっと聞きたくなってしまったんです。


その存在たちが〝宇宙人〟のさくやさんと、アシュタールだったんです。

さくやさんとアシュタールの他にも、くくりさんやナターシャっていう名前の存在たちもいます。本当は、名前なんて関係ないんですけどね。でも名前を付けなければ、私が混乱しちゃうので、便宜的に名前をつけさせてもらっています。

で、主に話しかけてきてくれる、さくやさんとアシュタールと、パートナーの破・常識あつしさんと私ミナミでつくっているチームが、ミナミAアシュタールなんです。

ごあいさつ

Aは、あつしさんのイニシャルのAで、彼は、さくやさんたちとは直接話しはできませんが、小さなころから、破・常識なひらめきを受け取っていたらしく、今では私を通して宇宙人と普通にコミュニケーションを取っています。

さくやさんたちの話がホントに面白いので、宇宙人と地球人のコラボで毎日、ブログを書いています。彼らのメッセージを私が皆さんに伝えるブログと、さくやさんから教えてもらった日本の真実の歴史を、私を介してあつしさんが書いているブログの二つです。

彼らの話は、私たちが学校とかで学んできたことを思いっきりひっくり返してくれる――常識といわれるものが、どんどん打ち破られていくんです。とにかく、どちらも破・常識なブログです。おかげさまで、二つとも人気ブログランキングでベスト10に入り、たくさんの方々にお読みいただいています。

どうやったら、楽しく、自由に生きていけるのか？　好きな現実を引き寄せられるのか？

それが、チームミナミAアシュタールのブログのメインテーマです。

私も最初は、宇宙人たちの話を半信半疑で聞いていました。そんな美味しい話なんてあるわけないよねぇって。でも。でも、あったんです・・・美味しい話が・・・。

私は、この宇宙人たちが教えてくれたことを実践することにしました。そしたら、なんと本当に好きな現実を引き寄せられるようになったんです。

私は現在、神奈川県藤沢市というところで、サロンを経営しています。

小さなころから自分のお店を持って、好きな仕事をしていきたいなって思ってはいたんですが、そんな才能もないし　無理無理！　そう思ってたんです。

でも今、それが現実になっています。今年で開業五年になりました。

開業したてのころはお客様が来なくて、こりゃヤバイなぁという時期もありました。でも、教えてもらったことを実践してきたら、こうして全国からお客様に来ていただけるサロンになりました。

で、旅行が好きな私はいつも、どこか行きたいな、毎月一回くらい旅行できるようになりたいな、でもサロンを開いているんだから、そんなことは無理か・・・と諦めてたんですけど、サロンをやりながら、全国各地で毎月一回、ワークショップを開催することができるようになり、いろんな土地に行けるようになりました！

さらに、私の長年の夢だった、本を出版してみたいということも・・・。

どこかに私たちを理解してくれる、愛のある編集者の方はいないかなぁと思っていたら愛のある素晴らしい編集者の方と出会うことができ、こうして本を出版することになったんです。


さくやさんやアシュタールの教えてくれる〝引き寄せ〟を実践していけば、本当になんでもかないます。面白いくらいに、やりたいことが現実になっていくんです。

ささやかですけど、私は欲しかった幸せを引き寄せることができました。

そして、まだまだ、これからも引き寄せ続けます。

こんなに簡単でパワフルな方法・情報を、皆さんと共有したいと思い、こうしてお話しさせていただいています。だって、私たちだけがこの情報を持っているなんて、もったいないじゃないですかぁ〜（笑）。

私は、十数年以上かかっちゃいましたけど、これからお伝えする方法を実践していけば、もっと早く、もっと簡単に実現すると思います。

ぜひあなたも、この〝引き寄せ〟を使って、
自由に好きなように、あなたの人生を創造していってくださいね。

「だからぁ、本当の〝引き寄せ〟を教えてあげるって〜」

もう、いいってばぁ・・・さくやさん！

思考は現実化する

私ミナミは十数年前、結構、悲惨な人生を送っていました。心も身体も、ほんとボロボロって感じでした。外から見てもわからなかったと思います。そこはうまく繕ってましたから。何をやってもうまくいかず、苦しい毎日でした。今思うと、ほとんど私が悪いんですけど、そのときはまったくわからなかったのです。

何が悲惨だったかって？　結婚ですよ、結婚！

結婚当初から、ちょっとこれはマズったかな、って思っていました。お互い求めているものが違っていたんですね。実は結婚する前に大ゲンカをしまして、話を白紙に戻そうと思ったことがありました。

そのときにやめときゃ、お互い良かったんですけどね。結婚式場も予約していたし、母は嫁入り道具をたくさん用意してくれていたし、親戚一同にも話をしてお祝いもボチボチいただいていて。

破談になったって言うのも格好悪いし、両親にも恥をかかせることになるし――

と世間体を考えて、彼とやり直すことにしたんです。

結婚したら、何とかなるだろう。そんな甘い考えで結婚しました。

結婚したとき、私は本当に子どもでした。結婚とはどういうものか、なんて、な～ンにも考えずに、ただ結婚したいっていう思いだけで結婚したんですからうまくいくはずがないですよね。

そのころの私は、夫というのは保護してくれる存在だと思い込んでたんです。父親的な存在――つまり、生活の保証をしてくれながら、でもやりたいように、好きなようにさせてくれるのが、夫というものだと思っていました。

一方、彼は私に〝母〟を求めていました。彼ひとりを無条件に愛し、コマゴマと世話をしてくれる存在が妻なのだと思っていたみたい。

私はわがままで縛られるのが大嫌いな性格。ああしろ、こうしろ、常識はこうだ、と言われると、わかっていてもわざとしたくない。そんな超天邪鬼な性格ですので、彼もずいぶんと手を焼いたと思います。自分が望む妻とは、まったく違うタイプの私と一緒になったんですから、大変だっただろうと心底思います。

それでも彼は結婚当初、私を理解しようとしてくれていました。

結婚した当時、私は国際線のCAでしたので、ほとんど家にはいませんでした。月にお休みが十日間あるんですが、家にいても時差ボケなどで寝てばっかりで、いないのと同じ。ひどいときは、夫が朝仕事に行って――夫は、起こすのがかわいそうだと思ってそっと出ていってくれるんです。それは寝ぼけながらなんとなく覚えているんです――で、夫が夜、帰ってきても私はまだ寝ている。「まだ寝てたの？」って呆れられても、私としては五分くらいしか経っていないような気になっていたので「あれ？　何か忘れ物？」なんて、寝ぼけたことを言ってました。

たっぷり寝たので、夜になると、ばっちり目が覚めます。「寝たい」と言う夫に一緒に出掛けようと誘って（次の日、彼は仕事なのに）、断られると、断った夫にムカついて近くに住んでいる同僚と遊びに出掛けていました。とんでもない妻です。


休日はこうして無法の限りを尽くして終わり、また長期で（一週間～十日ほど）仕事に出てしまう。最初は我慢してくれていた夫も、「さすがに、これじゃあ何のために結婚したのかわからない。仕事をやめてくれ」と言い出しました。

子どもで、何もわからなかった私は、夫が言っていることは自分勝手でわがままなことだと思い、反発しかしませんでした。だって、結婚するときは仕事を続けることを了承してくれてたんですもん！


そんなこんなで「仕事をやめろ！」「やめない！」で、ケンカが絶えなくなりました。

一緒に落ち着いた家庭をつくりたい夫と、自由気ままに生きていきたい私。

そんなとき、子どもができました。彼は、子どもができれば私が落ち着いてくれると思っていたみたいです。

ところが、一向に落ち着かない私。もちろん子どもは可愛かったですよ。でも、子どもができて、やりたいことができなくなったことに耐えられませんでした。
大好きだった仕事をやめなければいけなかったストレスと、今までみたいに遊びにいけないストレス――――それを　夫にぶつけましたねぇ。で、また、ケンカの嵐です。

また、そのころ、お付き合いしていたママ友たちが、超～お金持ちばかりだったんですね。ちょうどバブルのころで、お金持ちの中でも半端じゃないお金持ちばかりでした。どうして、そんな人たちの中に私がいたのかわかりませんが・・・なぜか、そんな環境にいたんです。夫もそれなりに収入はありましたが、バブルの超～お金持ちとは比較にならないですよね、やっぱり。

私が、そのママ友たちの話をするたびに、夫は「自分は貧乏だ」と言うようになったんです。私も自分は貧乏だと思っていました。完全に価値観がおかしくなっていましたね。
だから、もっとお金が欲しい、贅沢な生活がしたいって、夫に無言の要求をしていたのかもしれません。夫は、頑張ってくれていたんですが、ママ友たちのお家のようにはいかない。夫は、そのことにだんだんイラつくようになっていきました。

で、またまたケンカの嵐です。


「どうせ、俺は貧乏だ」が口癖になりました。

そのころから、夫の自暴自棄的な行動が始まりました。暴飲暴食で不満を解消しようとしたのです。お酒は飲まない人だったので、その代わりにコーラなどの炭酸飲料を一日四Lくらい飲んでいました。よくそんなに飲めるなぁってある意味、感心してましたね。

その上、脂っこいもの、甘いものばかり、びっくりするほどの量を食べてました。

タバコも一日、多いときは三〜四箱も吸っていましたね。消したらすぐに次のタバコに火をつける。チェーンスモーカーです。お尻から煙が出るんじゃないかと思うくらい（笑）。

もちろん、「そんなことしてたら病気になっちゃうよ」って言ったんですけど、もう私の言葉なんて耳に入りませんから無視です。無視されると、また、私もムカつく。

で、お約束のケンカの嵐が吹き荒れます。

言えば言うほど意固地になって、もっとひどい生活をするようになりました。だからもう言うのを諦めて、傍観していました。このころ夫は、こんな生活がイヤでイヤでたまらなかったんでしょう。そこから逃げるために病気になりたいんじゃないか、わざと病気になろうとしてるんじゃないか、と思うくらいでした。

機嫌が良いときは、テレビに出てくる病人の真似をして遊んでました。時代劇とかでよくやっている「○○さん、いつもすまないねぇ」ってお嫁さんとかに謝っているシーンです。これに関してはホントにバカだと思いました。でも、そこまで追い詰めたのは私だったのかもしれません。

で、そんな生活をしていて健康でいられるわけもなく、やっぱり病気になりました。しばらく入院することになり仕事にも支障が出始めました。夫は自営で、彼がいないと仕事が成り立たないので、お金の工面に困るようになりました。

身体の不調と、仕事の問題と、お金の工面とで大変だったんでしょう。彼は口癖のように、「我が家は貧乏になって、もう一家離散だな・・・」って言うようになったんです。

二言目には「一家離散だ、一家離散だ」って言ってました。

私も、もう何を言っていいのか、どうしたらいいのかわからなくなっていました。

変な話、もう一家離散でもいいんじゃないのか、と思うこともしばしばでした。そのほうが楽になるんじゃないかって、正直思ってましたね。

借金の督促状ばかりが届くようになり、督促の電話もかかってきて――夫は、何も話してくれず、「大丈夫だ」としか言わなくて、何がどうなっているのか私にはさっぱりわからなくて、ただただ不安でした。

もう、人生　ボロボロ・・・。

このころが、一番辛かったですね。

さくやさんからのメッセージ

あらあら。二人とも、とても上手に引き寄せの法則を使ったってことね。

あなたは〝引き寄せ〟を特別なものとして考えてないかしら？

引き寄せは、何も特別なことじゃないわ。誰でもいつでも使っていることなのね。

今、あなたも引き寄せているのよ？　だから、今のあなたの現実があるの。

そしてね、引き寄せは、あなたにとって良いことだけを引き寄せるわけじゃない。

引き寄せのパワーのもとは、あなたの思考！　だから、その思考に合わせて必要なものが引き寄せられるってことよね。


あなたが、日ごろ考えていること、口に出している言葉が、あなたの現実を引き寄せているの。そりゃあ、日ごろから、「貧乏だ、貧乏だ～」って言ってれば、お金も回ってこなくなるわよ。「病気だ～～病気だ～」って言ってたら、病気ばっかりするわよね。

本気で思ってなくても、口に出したりしたらエネルギーはそちらに流れていくから、その現実を引き寄せるのよ。

だから彼は、日ごろ思っていた願いがしっかりとかなったってことになるの。それが、彼が本当に願っていたかどうかは別としてもね。

口に出すってことは、その言葉のエネルギーを自分にも発しているってこと。そのエネルギーを受けて、思考もそちらに動き出す。だから現実もそうなっていく。

いい？　エネルギーは、何も判断しないの。ある意味、命令された通りに動くロボットみたいなものよね。エネルギー自体は、方向性を決められたら、そちらに向かって動き出すだけなの。見えている現実が、良いものか悪いものかは、あなたが判断しているだけのこと。エネルギーには、あなたが考える、良い悪いは、まったく関係ない。

「私は、お金がない、貧乏だ〜」って言えば、貧乏だと思える現実を引き寄せてくる。

あなたが、「私はすべてに満たされていて幸せ〜」って言っていれば、豊かな現実が引き寄せられる。ただそれだけ。

だから、あなたは自分の思考と口から出す言葉に慎重にならなければいけない。引き寄せているのはあなただから。

エネルギーに冗談は通じないのよ！

それからケンカってね・・・お互いの考えを主張し合ってるだけなのよね～。自分が正しいって言い合ってるだけ。そりゃ、いつまでたっても、平行線で交わるところなんてないわよ。自分の意見のほうが正しいってお互い思っているんだから、相手にどうやって自分の意見を受け入れさせるかっていう、ものすごく不毛なやり取りをしているだけ。

相手を、自分の都合の良いようにコントロールしようとしているだけ。どっちが、コントロールするか・・・ケンカはその戦い！

自分の意見に従わせようとし合っているだけで、相手を理解しようとか思っていないから、どこまでいっても平行線で、ずっとケンカをしていなくちゃいけなくなる。

そこには〝愛〟は、ないわよねぇ～・・・〝愛〟があれば、相手のことを理解しようと思うじゃない？　しっかりと相手の話を聞こうと思うでしょ？　そして、自分の話も聞いてもらう。で、二人の意見、気持ちをどこですり合わせるかって考えることができる。

そうすればケンカすることなく、良い関係を築いていくことができるのにね。

どうしてそんなに相手を言い負かし、自分の意見が正しいと認めさせ、自分の言い分に従わせようとするのか？　ってことだけどね。それって自分の中に、エネルギーがないからなのよ。

どうして自分の中に、エネルギーがなくなっちゃうかというとね。人生が、生活が、楽しくないからなの。イヤなことを我慢して、無理して無理して生きているから・・・どんどんエネルギーが枯渇していってしまう。人は（人だけじゃないけどね）エネルギーがないと生きていけないわ。

エネルギーって、食べたり飲んだりしてるだけじゃ補給できないの。身体に必要なエネルギーは、食べたり飲んだりすることで補給できるけど、心のエネルギーはそれでは補給できない。自由に楽しく、生き生きと好きに生きていないと、自分の心の中からエネルギーが湧いてこないから、どんどん枯れていくわね。

心の中には井戸があって、楽しいときはそこからどんどんエネルギーが湧き出してくるの。でも楽しくないとき、イヤなことをしているとき、我慢しているときなどは、井戸からエネルギーが湧いてこないの。

あなたも経験あるでしょ？　イヤなことをしていると、ものすごく疲れるけど、好きなことをしているときは疲れない・・・でしょ？　一日中でも　好きなことをして遊んでいられるでしょ（笑）。でも、イヤなことは、すぐに疲れてしまう――――これって、エネルギーが湧いて出てこないからなのね。

で、イヤなことしたり、我慢ばかりしてたら、どんどん井戸が枯れていってエネルギー不足になる。

そのためには、どこからかエネルギーを補給しなくちゃならないわね。

どこから？――――そう、他の人からエネルギーをもらうようになってくるの。

これが、エネルギーバンパイア！

人からエネルギーをもらうって言っても、直接、吸血鬼みたいに噛みついて補給するんじゃないからね（笑）。エネルギーっていうのは、目に見えないところでつながってて、そこで、エネルギーの交流をしているの。

普段から、常にあなたもしているの。で、お互い同じくらいのエネルギーを持っていれば、それをお互いあげたり、もらったりできるから、とても気持ちいい関係がつくれるの。

でも、どちらかがエネルギー不足になっていると、一方的にエネルギーを持っていかれることになる。

良い人なんだけど、あの人といると妙に疲れるのよね・・・っていう経験したことあるでしょ？　本人は、意識してエネルギーバンパイアしようと思っているわけじゃないけど、エネルギーが枯渇していると、意識しなくてもバンパイアしていることがある。

そしてケンカも、相手とエネルギーを奪い合っているってことになるわ。

ケンカしたあとって、ものすごく疲れるでしょ？　それは、エネルギーを奪い合うためにエネルギーを使っているから。もっとエネルギーが枯渇してしまうため。

でも、ケンカに勝った！　って思えるときは、満足してなんだか元気にならない？

それって、相手からエネルギーを奪い取って、自分の中がエネルギー補給できたからなのね。ごめんなさい・・・って謝らせたときは気分良いでしょ（笑）。スッとするでしょ（笑）。

エネルギーが補給できて自分の中が満足するから、気分が良くなるの。

特に、身近な人から取りやすいから、身近な人とのエネルギーの取り合い合戦が始まる
——これが夫婦ゲンカ、親子ゲンカの原因ね。

誰かを支配、コントロールすることで、その人からエネルギーを奪えるの。

その人より優位に立っているという優越感で、エネルギー補給することができる。

気持ちよくなる。もっと相手をコントロールして、自分の言うことを聞かせたいと思うから、どんどんエスカレートしていくのね。

エネルギーバンパイアにもいろんな種類があって、今話したみたいに、人より優位な立場になることでエネルギーをチャージする人もいれば、卑屈な態度をとって相手に、同情や

憐み、罪悪感とかを感じさせることで、エネルギーを取る人もいる。

自分を弱い立場にすることでエネルギーをチャージする人もいるわ。

よく怒鳴り散らしたりして、威張っている人いるでしょ。あれは、優位に立つことで、エネルギーチャージをしている典型的なエネルギーバンパイアね。

おどおどしたり、過度に腰の低い態度をとる人は、そうすることで同情をもらったり、あまりにへこへこされることに罪悪感を感じさせたりしてチャージする典型。

そして、自分を弱い立場にする、または、かまってかまって・・・って強要するバンパイアもいるわ。これは、子どもに多いパターンね。

いわゆる、かまってちゃん。これが、高じてくると病気になったりするの。

もちろん、自分で病気になりたいなんて思っているわけじゃないけど、かまってほしい、大事にしてほしい、自分だけ見てほしいといつも思っていると、思考はエネルギーだから、そういう現実を創ってしまうってこと。

今のあなたの見ている現実（ホログラム）の世界は、エネルギーバンパイアの集まりのようなものね・・・悲しいわね。

あなたの社会はピラミッド型をしてるでしょ?

それは、エネルギーをバンパイアしやすい形なのね。

ピラミッドの一番上の人から　順々に下へとバンパイアしていく。

会社なら、上司が部下をコントロールすることで、上司はエネルギーを補給する。

その上司も、もっと上の上司からエネルギーを持っていかれるのよ。

そして、部下は、もっと下の部下からエネルギーを補給する。


家庭でも同じことが起きることがあるわ。

会社でエネルギーを吸い取られて疲れ果てた夫が、帰ってきて妻からエネルギーの補給をする。もちろん、反対のケースもあるけどね。

そして、吸い取られたエネルギーを補給するために、今度はもっと立場の弱い子どもから吸い取って補給しようとする。

吸い取られた子どもは、自分より小さな子、もしくは自分より弱い立場の子どもをいじめたり脅したりして、エネルギーを補給するようになる。

わかる？　「学校で子どものいじめが多くて、どうしたらいいかわかりません」っていうニュースを見るけど、子どもたちを何とかすれば、いじめがなくなるっていう問題ではないのがわかるわね！

社会全体がエネルギー不足になって、エネルギーバンパイアばかりになってしまっているから、弱い立場の子どもたちにしわ寄せがきて、こういう問題が起きてくるんだから、そこから考え直さなければ、何も解決しないってこと。

子どもたちだけの問題ではなく、あなたの社会の抱えている問題のすべてが、ここにある・・・っていうことね。


こんなふうに、人からエネルギーを補給しなければいけない社会に生きていれば、つまらない、イヤだ、苦しい、我慢ばっかりっていう不平不満が口から出るから、そんな現実ばかり自分で引き寄せることになるわけよ。

だから「楽しいこと、好きなことをしてなさい」って言うのは、そういう理由からなの。

好きなこと、楽しいことをしていたら、自分の中の井戸が開いて、人からもらわなくてもいくらでもエネルギーが出てくるから、いつもエネルギーで満たされていられる。

そして、そのエネルギーを放射することができるでしょ。

楽しい、嬉しい、幸せ・・・のエネルギーを放射していると、まわりの人も、そのエネルギーを受けて、楽しくなってくるの。

周りの人も楽しくなってきたら、楽しいエネルギーの循環が起きるから、もっと楽しくなってくる。エネルギーの奪い合いじゃなくて、エネルギーの循環（分かち合い）ができるから、楽しい人間関係ができて、ケンカなんてまったくなくなるわ。

だって楽しいんだから、人をコントロールしようなんて思いもしないわよね。

まわりの人たちが好きで大切に思えるようになるから、その人たちの気持ちも考えもしっかりと聞いて大切にできるようになるでしょ？

で、気がついたら、楽しい、嬉しいって言葉を口に出すようになるから、そういう現実を引き寄せるようになって、もっと楽しい現実が現れる。

だから　幸せになりたかったら、そして、まわりの人も幸せにしたかったら

まず、あなたがイヤなことをやめて、好きなこと、楽しいことをするの。

それが一番早道ね。


あなたが幸せで、あなたの中が湧き上がってくるエネルギーで満たされていたら、何の抵抗もなく、彼に「ありがとう、感謝してるわ」って言えたと思うわ。

そしたら、あなたたちの関係も違ったものになったんじゃないかしら？

彼も自分の人生を楽しんでいたら、もっと違うものを引き寄せていたんじゃない？

でも、あれは、あれで必要なことだった――。

だから、二人ともとても良い経験をしたと思ってね。

自分を責めたりする必要はないからね。過去のことで自分を責めても何にもならないわ。

失敗だと思う必要はないの。すべてが、貴重な素晴らしい経験だってこと・・・。

あなたが、今からできるのは、
あなたを楽しく生きるってことだけ。
どんどんあなたの中の井戸から
エネルギーが湧き出てくるように、
好きなこと、楽しいことをしていてちょうだいね。

イヤなことから、楽しいことへ

夫がそんな状態ですから、住民税とかも払えず、市役所から銀行口座を差し押さえられたこともありました（苦笑）。

子どもたちの学費とか、電気代、ガス代などのために用意しておいたお金も、きれいさっぱり市役所に持っていかれました。役所って、なんの告知もなく勝手に差し押さえるんですよ。

お金のことは夫が全部やってくれていたので、何も知らない私は銀行に行って口座の残高が0円になっているのを見て愕然としました。

すぐに市役所に電話して、お金を返してくれるように頼みました。無理だとは思いましたが・・・やっぱり無理でした（笑）。

私がしっかりしなくちゃ、頑張らなくちゃ。私が気弱になったら、みんなを支えられないんだから、とにかく、しっかりしなくちゃ。子どもたちにも弱気なところを見せちゃダメ。

明るく振る舞い、笑顔でいなきゃ、不安にさせないように――。

ずっと自分を叱咤激励していました。


普通なら、私が働けばいいんじゃないって思うのでしょうが、夫は、私が仕事をすることをとてもイヤがっていたんです。私はやりだすとムキになってしまうほうなので、仕事を始めると、家のことも子どものことも夫のことも、おろそかになる。そう思っていたんですね。

そして、もうひとつ・・・私に経済力がつくこともイヤだったみたいです。

経済力がつくと、自分の言うことを聞かなくなると思ってたみたい（まわりからもそう言われていたみたいです）。まぁ、経済力がなくても、私は言うことは聞きませんけどね（笑）。

ということで、前の仕事をやめてから、いくつか仕事をしようとしましたが、すべて夫に反対され、つぶされてきました。

なので、もう私は何があっても仕事はしない、お金は稼がない、と決めていました。

ある意味、意地ですね。つまらない意地です。

誰にも弱音を吐くことができず・・・苦しかったです。

気持ちのやり場に困ったときは、ひとりで車を運転し、江の島の海岸に行ってました。

私のお気に入りの場所は、海の前にあるホテルの駐車場でした。

駐車場といっても、平日はほとんど他の車がいなくて、目の前は海が広がり、人もいない。

気持ちの良い場所だったんです。車の上をトンビが鳴きながら飛んでいるのを見るのが好きでしたね。江の島のトンビは凶暴で、食べ物を持っていると襲われるので、車の外には出ずに中から見て楽しんでいました。


子どもたちが学校に行って、時間ができるとそこに行きました。近くのコンビニでおにぎりやお菓子を買って、車の中で本を読みたければ読み、眠くなったら後ろの座席で寝て――きっとびっくりするような格好で寝ていたと思います。車の中を見られたら殺人事件！　って思われたかも。

そして、子どもたちが帰って来る時間を見計らって家に帰る。そうすると、少し気分が楽になるんです。長いときは、駐車場に六時間くらいいたかな。

もうひとつのお気に入りの場所は、芦ノ湖の前の駐車場でした。

ここは平日でも車が多く、人の通りも多かったから、車の中ですごい格好で寝ることができなかったですね。本を読むくらいかな。

芦ノ湖では、ドライブを楽しんでました。

そんなこんなで、ドライブして、自然の豊かなところに行くのが私の息抜きでした。


ドライブする時間がないときは、家の駐車場で車の中にいました。

車の中の狭いところにいると、なんだか安心したんです。

外の世界と隔絶するので、自分の世界に閉じこもることができたんでしょうね。


口座が差し押さえになる前は、お酒の量もすごかったです。

いわゆる典型的なキッチンドランカー（笑）。

だいたい毎日、六時くらいから晩ご飯を作り始めるんですが、まず最初にすることが、ビールの缶をプシュっと開けること。ビールをグビグビ飲んでから、やっと作り始める。もちろん飲みながら。
ご飯を食べるときも、もちろん飲んでました。夫はお酒を飲まないので、ひとり酒。
多いときは五〇〇mlのビールを六本、そのあと焼酎とかを飲むわけです。焼酎は、ほとん
どストレートで、それでも物足りないときは、ズブロッカというポーランドの強いお酒を
ストレートで飲む。お酒の種類は何でもよかったんです。酔えれば・・・。
そんなんだから、毎日ご飯が終わるころには、へべれけ。
子どもたちの前ではそれなりに気が張っていて、ちゃんとしなきゃって思ってましたけど、
子どもたちが寝ちゃったり部屋に行ったりすると、もうダメ。目が覚めるとキッチンで寝
てた、なんてこともありました。
犬に顔をベロベロ舐められて、目が覚めたことも数えきれません。
子どもの前ではしっかりしていたつもりでしたけど、子どもたちには全部バレていたと思
います。
今思うと、よくまぁ、ビールを六本も飲めてたもんだと感心します。

こんな醜態をさらしている私と、一緒にいたいって思う人なんていないですよね。夫も私を避けるようになりました――当たり前か。もう、ケンカもしなくなってました。ケンカができるって、まだ大丈夫だってことなんですよ～、皆さま（笑）。

一度、子どもたちが夫の実家に行って、三日ほどいなかったときがあったんです。三日間、ひとりでした。まぁ、すごいことをしましたよ、私・・・。ひとりになって、プツっと何かが切れた音がしました。もう無理、限界・・・って！

朝からビールと焼酎に手を出しました。つまみは、クッキーと睡眠薬。イヤ、死ぬ気とか、そんなのはまったくなかったんです。ただ寝たかっただけなんです。だから、一錠しか飲みませんでした。眠くなる感覚・・・ボーっとしてくる感覚が好きで、それを楽しみたかったんです。
で、目が覚めるとまたお酒を飲んで、クッキーをつまんで睡眠薬を飲んで寝る――

これを三日間続けました。

よく身体を壊さなかったものです。

丈夫に産んでくれた両親に感謝です。


夫のことをなんやかんや言っていましたが、私のほうがとんでもないですね。

ホントに、バカものですねぇ（笑）。

右を向いても、左を向いても、イヤなことばっかり・・・。


そのころから、子どものときに切っていた〝声〟が、また聞こえるようになってしまったのです。

ずいぶん拒否しました。

だって、また変な人になりたくなかったんですもん。

「私は、普通の人として生きていくんだから邪魔しないで！　もう変な人って言われたくないの！」

ただでさえ普通の生活じゃなくて、かなり変なことになっているのに、これ以上、訳のわからないことになりたくなかった。

だって、他の人には聞こえていないらしい〝声〟が聞こえるんですよ！

この酒浸りの環境でそんなことを誰かに言えば、ほとんどアル中かノイローゼのアブナイ人だと確実に思われるじゃないですか。勘弁してくださいよって感じでしたね。

でも拒否すればするほど、人生はどんどん私の思いと反対に動いていくんです。

いわゆる不幸？.？　悪いことばかりが起きる。

何？　何？　なんでこんなことばかりが起きるのよ～（怒）って、天に向かって悪態ばかりついていました。

〝声〟を無視すればするほど、これでもかって悪いことばかりが起きる。

〝声〟の嫌がらせ？　どういうことなのよ！　そのときは、どういうことなのかホントにさっぱり訳がわからなかったんです。


あんまりいろんなことが続くもので、もう開き直りましたよ、ハイ。

「わかったわよ、聞けばいいんでしょ、聞けばぁ！」

もう破れかぶれ、どうにでもなれ、の心境ですよ。

「好きにすればいいじゃない。何よ、何が言いたいのよ。私に、どうしろって言うの？」

思いっきりケンカ腰。

こんなときは何も言ってくれない。完全無視です。


このままの生活を続けていると、本当に私もつぶれてしまう。

だけど、イヤなことばかりで、どうしていいかわからない。

さすがに起き上がる気力もなくなりました。

で、そんなとき、私から〝声〟に話しかけていたんです。

「どうしよう・・・」

「好きなことをすればいいんじゃない」

「いや、そんなことしてる場合じゃないでしょうが。
私、今そんな悠長なこと言ってられないのよね・・・。わかるでしょ？」

「ミナミは、どうしたいの？」

「ここを乗り切りたいの」

「じゃあ、好きなことをしなさい、楽しいことをしなさい」

「意味がわからない！」

「イヤなことばかりにフォーカスしているから、そちらにばかり現実が動くのよ。

思考はエネルギー。いつも考えていることが現実になるの。

イヤだ、イヤだ、こんな生活は、イヤだ・・・って思っているから、

そして、**人のせいにばかりしているから、そこから抜け出せなくなってしまっているだけ。**


ちょっと視点を変えてごらんなさい。

いい？　思考はエネルギー。思考が先、現実はあと。思考のエネルギーがすべてを創っているの。わかる？

ちょっと考えてみて？　今あなたの見えているものすべて、まず誰かの頭の中にできたものだってこと、わかるでしょ？

誰かの頭の中（思考）で、できたから現実のものになって、あなたに見える形になってるのよね。

机だって椅子だってボールペンだって、ハサミだってパソコンだって携帯電話だって――誰かがこんなのあったらいいのにな、こんなの欲しいなって思って、それを頭の中で創りだしたから、現実の形になって表れているのよね。
誰かが考えなかったら、現実にはならない。

それは、物質だけじゃなくて、すべてに言えることなのね。

こうなりたい、こうしたいって、あなたが思考するから、エネルギーが働いてその現実を創りだすの・・・それが、思考は現実化するってこと。

あなたの現実は、あなたが創っている。

これは、間違いない宇宙の真実！

誰かが創っているんじゃなくて、あなたが創っているの。

あなたの思考エネルギーが、あなたの現実を創っているの。

だから、あなたが、いつも考えていることが現実になるってこと。
いつもイヤだ、イヤだって思っていたら、イヤだと思う現実ばかり創造してしまうの。
あなたの見ている現実は、映画のスクリーンに映っている映像のようなものなのよ。
そしてあなたは映写機。映写機の中にあるのが、フィルムでしょ。
そのフィルムが、あなたの思考――わかる？

映写機を通して、フィルムがスクリーンに映っているの。

だから、スクリーンに映っている映像を変えようと思っても変わらないでしょ。
スクリーンに映っている映像を変えようと思ったら、フィルムを変えればいいの。
そしたらスクリーンの映像も勝手に変わる。

スクリーンに何を映し出すかを決めるのは、あなた！

あなたが面白くないって思えば、面白いって思えるフィルムに変えればいいだけ。

フィルムを変えるってことは、思考を変えればいいってことよね？

だから、イヤだ、イヤだっていう思考ばかりしていたら、イヤだ、イヤだって思う映像ばかり見ることになる。

だったら楽しい、面白いって思考をしていれば、スクリーンには、楽しい、面白い映像が映し出されるってことになるわよね。
だから、好きなこと、楽しいことをしなさいって言ってるの！」

我慢の回路が開く

急に好きなこと、楽しいことをしなさいって言われても、ねぇ。

たしかに小さいころから〝声〟の言う通りにしておけば、うまくいくことはわかってました。だから〝声〟が言うようにイヤなことばかり考えるのはやめて、楽しいことを考えようって思いました。

しか〜し！　私の好きなこと、楽しいこと・・・って、なんだっけ？

毎日の苦しい生活の中で、それさえもわからなくなっていたのです。

好きなこと、楽しいことねぇ・・・。

何をしたらいいのかわからないから、とにかく、ちょっとでも興味を持ったこと、全部することにしました。手当たり次第ってやつですね（笑）。

私は、映画とかテレビドラマを観るのが大好きだったので、それから始めることにしました。時間だけはあったので、朝から晩まで借りてきた映画やテレビドラマのＤＶＤを観ていました。だけど、こんなことしてていいのかなぁ、こんなことしてても何にも解決にはならないじゃないの。ただの逃避じゃないのかなぁ・・・っていう疑問がムクムクと湧いていましたが、〝声〟が、そう言うんだから、そうなんでしょって思い直して、怖かったけど疑問には目をつぶって信じることにしました。

そんな生活を半年くらい続けてたころ、大好きなドラマに出会ったんです。「ロングバケーション」っていう木村拓哉さんが主演のドラマ。それを何度か観ているうちに、私の中に「生キムタクが見たい」っていう気持ちがムクムクと頭をもたげ始めたんです。生キムタクって・・・あなた（笑）。

でも、どうしても、生でキムタクが見たい。で、〝声〟に聞きました。

「生キムタクを見るにはどうしたらいい？」

「撮影現場に行けば・・・」

「いや、どこで撮影してるかわからないし、そんな簡単に入れてくれないでしょ」

「んじゃ、入れてくれるようになればいいんじゃないの」

「?.?.?　入れてくれるように？　なるには・・・ピカッ（閃）。

あ、エキストラになればいいんだぁ！　そしたら、あわよくばキムタクのドラマの通行人とかできるかも、そしたら生キムタク見れるかも！」

・・・っていうことで、早速、エキストラ事務所に行って登録してきたというわけです。

バカでしょう？

で、いくつかエキストラの仕事をしているうちに、またまた、ムクムクと欲が出てきました。エキストラじゃなくて、本当の役者になりたい、と思ったわけです。セリフをしゃべれる役者になりたい。だったら役者の勉強しなくちゃ、だから、劇団に入ろう。すぐに劇団に入りました（笑）。

そんなこんなで、お芝居をしているときは、とても楽しくて充実していました。結構オーディションにも受かって、舞台に出たり、映画に出演できたり。とてもスムーズに行っていました・・・やりたいと思うことがどんどん実現していったのです。

でも、しばらくすると、また現実が厳しくなってきました。家庭環境が最悪な方向へ進んでいったのです。

夫ばかりでなく子どもも病気がちになり、原因不明の病気で入院したうえ、実家の母も悪性腫瘍ができ、入退院を繰り返すようになりました。

あのころは、自分が病気になったほうがよっぽどマシだって思ってましたね。

どっちを見ても病人ばかり。能天気な私も心のバランスを崩してしまい、うつと言われる状態になってしまったんです。うつになると感情がうまく表現できなくなるんですね。

役者において生命線である感情、感性がとても鈍くなってしまったのです。

これって料理人が、味がわからなくなるのと同じくらい、致命的なことなんですよね。

〝声〟が言うように、楽しいこと、好きな芝居をしているのに、どうしてこんなことになるのか、意味がわかりませんでした。どうして？　どうして？　そればかり考えていたんですが、さっぱりわからない。なんとかしなくちゃ・・・焦りばかりが募っていました。

「どうすればいい？？　どうすればいい？？」

そのときに〝声〟に言われたことが・・・

「一番大切なことから目を背けているからでしょ・・・」

だったんです。

たしかに、芝居しているときは楽しかったですが、楽しいのはそのときだけで、楽しい時間が終わって日常生活に戻ると、また、どよ〜〜ンとする環境が待っていました。

そこは私にとって、我慢と緊張ばかりの時間、空間だったんですね。

そこから出ることはできない。ここにいなければ、私は生きていけない、と思っていました。だから芝居をしていたのです。

芝居をしているときだけ、それを忘れることができたから・・・。

でも、その芝居さえできなくなってる。ただ苦しいだけになってる。何、それ？

〝声〟は、楽しいこと、好きなことをしてれば、すべてうまくいくって言ってたじゃない。

うそつきぃ〜って、〝声〟に対して怒ってました。

そんな不満タラタラの私に、〝声〟はサラッと言うんですね。

「そんなにその環境がイヤなら、そこから離れればいいじゃない？ イヤなことは、とっととやめちゃえばぁ～（笑）」

「ちょっと、勝手なこと言わないでよ。ここから出たら私どうしたらいいのよ。生活できないでしょうが。芝居だけじゃ食べていけないのよ！」

「それがもう違うよね、反対よね。そこにいるからうまくいかないのよ。イヤだ、イヤだって言いながらも我慢をしていれば、もっと我慢しなくちゃいけない現実を引き寄せるのよ。それが　引き寄せの法則！

そのイヤだと思っているあなたの現実を引き寄せているのは、あなた自身だってこと！

自分の好きな人生を送りたかったら、イヤなこと、我慢をやめることね！

今までと同じ環境にいて、別の違う環境にもいようと思うことが、もう無理なのよ。

山にいながら海にもいたい、と思っているのと同じでしょ。それも同時にね。身体はひとつしかないのに、二つ同時に違う場所にいたいと思うのは、無理なのはわかるわよね。山にいて、海に行きたいと思うのならば、山から下りて海に行くしかない。山にいながら海にもいる――なんて器用なことはできないの。どちらかを選べば、どちらかは手放さなきゃいけない。・・・でしょ？

好きなことをして、自由な楽しい人生を送りたいと思うのであれば、不自由だと思っているところから出るしかない。でも、それが怖いと思って、不自由でもそこにいると決めるんだったら、自由な生活は諦めるしかないわね。

ちょろちょろっとだけ好きなこと、楽しいことをして自由を感じていても、戻るところが変わらなければ、全面的に自由を感じなくてどっちつかずになってしまう。それどころか、ちょろちょろでも自由を感じてしまったら、楽しさを感じてしまったら、不自由でイヤだと思っているところのイヤさが倍増されて、もっとイヤだと感じるようになるわよね。

だからもっと苦しくなっていったってこと。


それから、感情っていうのはね、あなたが思っているより、もっとあなたに大きな影響を与えているの。ほとんどの現実は、感情が動かしていると言ってもいいくらいなの。

たとえば、同じことをしても親や上司の機嫌ひとつで処遇が変わってくるってことあるでしょ。機嫌が悪いとムチャクチャ怒られたことが、機嫌の良いときは注意だけで済んだ・・・って経験あるでしょ（笑）。


あなたたちはあまり気にしてないけど、感情っていろいろなことに影響してるの。

もちろん、あなたの身体にも感情は大きく影響してるのよ。

ものすごく腹が立って、その腹立たしさを飲み込んで（抑え込んで）我慢したら、胃が痛くなったってことあるでしょ？

あまりにひどい怒りの感情を抑えつけると、胃に穴があくこともあるわ。

それほど感情と身体は密接しているの。

そして、それは身体だけじゃなくて、精神的にも大きな影響を与えている。


感情には、良い感情も悪い感情もないの。

あなたたちは、怒ったり、悲しんだり、憎んだり、恨んだりする感情をネガティブな感情と呼んで、なるべく遠ざけようとするでしょ。

そんな感情は良くない、人に見られたら困る、こんな感情を抱く私は恥ずかしい・・・とかなんとか言って、感じないふりをしたり、無理やり心の奥底に抑え込もうとしたりする。

それで反対に、嬉しい、楽しい、気持ちいい、優しいなどの感情は、ポジティブな感情で、良い感情だからたくさん出そうとする。


感情は、そんなに器用に出したり抑えたりできるものじゃないの。ネガティブな感情を抑え込もうとすれば、一緒にポジティブな感情も抑え込んでしまって出なくなる。

あまりに感情を押し殺してしまうと、どちらの感情もわからなくなってしまうのよ。

そして、心の底に抑え込んだ感情は、消えたわけじゃないのよ。ただ圧縮されて小さなところに閉じ込められてるだけ。

だから、どんどん抑え込んでいくと、圧縮が強くなってきて、最後には蓋が吹き飛んでしまうくらい大きなものになってしまう。

そうなると、もう抑えが利かなくなって暴発してしまうのね。

ちょっとした小さな刺激でも、暴発してしまうことがある。

だから時々、こんなことで？　って思うことで、怒りを爆発させる人がいるでしょ。

そういう人は、普段は我慢して、怒りたくても怒らず、ニコニコしてみんなに合わせているの。だから、ちょっとしたことでも、感情のコントロールが利かなくなってしまう。

感情は、抑えつけて隠すものじゃなくて、上手に表現するものなの。

怒りが出たら、怒りが出たということを認めて、それを感じ切ればいい。そうすれば、感情は昇華していくから。その感情は、あなたの中から出ていくから、あとに残ることはない。だから　暴発もしない（笑）。

あなたは、ネガティブだといわれる感情を抑えつけて、気がつかないふりして、心の奥底にしまい込もうとした。楽しい、嬉しい、というポジティブな感情だけを感じようとしたでしょ。だから　精神的にも身体的にもバランスを崩しちゃったのよ。

いい？　うつという病気はないの。それは、こうして感情のバランスを崩してしまっただけのこと。イヤなことをやめて、不自由だと感じるところから出て、良い感情も悪い感情もなく、出てくる感情すべてを大切に、自分なりに少しずつ表現していけば、崩してしまったバランスは、すぐに元に戻るわ。

わからなくなってしまった感情も感覚も、すぐに戻る。

そのためにも、山にいることが不自由で楽しくないと思うのだったら、山から下りて、好きだと思える海に行くしかないの。

きっぱりと　楽しくないと思う環境から出るしかない。
思考はエネルギー。イヤだイヤだ・・・って思ってたら、
もっとイヤな現実を引き寄せるわよ。
思考はエネルギー。楽しいと思うこと、好きなことを自由にしていれば、
楽しいと思える現実を引き寄せるのよ。
あなたは、どっちを選ぶ？

あなたが、どっちを選ぶか。ただそれだけのこと！」

怖かったです・・・メチャクチャ怖かった・・・。

でも、〝声〟の言うことを信じることにしました。

何日か後、そこから出る決心をしました。

――ま、いわゆる「離婚」ってやつですね（笑）。

余談になりますが、しっかりと決心したら、何の支障もなくサラッと離婚できたんです。それまでに何度か離婚の話が出たときは、周囲に反対されたり、お互いうまくコミュニケーションが取れず、話が行き違ったり、なかなか、うまく事が運ばなかったのに、私が誰に何を言われても、「イヤなものはイヤ。もう、我慢しない」って決めたら、誰も何も言わなくなって・・・その変化に、私自身もびっくりするくらいでした。おかげさまで（って言うのかな?）世間で言われているようなゴタゴタした問題もなく、すっきりと別れることができました。感謝です。

「あなたがしっかりと決心し、揺らがない覚悟ができたから、誰も何も言わなくなったのよ。思考のエネルギー場で揺らいでいたら、揺らいでいる現実を創造してしまう。揺らいでいるあなたの思考を、まわりが見せてくれるわけ。

反対されたり、コミュニケーションが取れなかったり、物理的にも無理なことが起きてきたり――――それは、すべてあなたが望んでいることなのね。

離婚したいけど怖くてできない。だから、できない理由（現実）を創りだしているの。

でも、しっかりとエネルギー場で覚悟して決めれば、現実はその方向に動き出す。

だから、あんなに反対していたまわりの人たちも何も言わなくなったし、彼もスムーズにハンコを押してくれたの。

すべては、あなたのエネルギー場での覚悟次第だってことなのね」

そんなこんなで、スムーズに離婚できたのはできたのですが、今度はなんの保証もないのに、知らない世界へ飛び出すことになったのです。

怖かったぁ～（笑）。

そして、そこから次が始まったんです。

直感に従う

とにかく、現実問題として食べていかなければいけない。仕事しなくちゃ！
ここからですよ。準備も何もせずに飛び出しちゃったものだから。
私には、何ができるのか？？
芝居では食べていくのは難しい。どうしよう・・・。

そのとき、レイキというヒーリングを習っていたのを思い出したんです。
芝居をしながらも、レイキなどのヒーリングにも興味があったので、それにもちょこちょこ手を出していたんです。

ちょっと話は飛びますが、なぜレイキを始めたかというと、娘が、ひどいアトピーだったんですね。でも、どうしても西洋的な薬に頼りたくなかったんで、なにか民間療法的なものはないかと探し歩いていたときに、波動療法を知ったんです。

波動療法の中にレイキがあって、なんとなく直感で、これだって思ったんですね。誰でも使えるようになるし、何よりも修行だとか、難しいことはいらなくて簡単だってことだから、私にもできるんじゃないかと思ったわけです。

本格的に習ってたわけじゃないし、仕事になるかどうかわからない。すごく不安だったけど、これを使って何とかしようと思い立ちました。といっても、どうしていいかわからない。

誰か、レイキヒーラーとして雇ってくれるところはないかなぁって思いながら、ネットで探していたんですね。

でも、なかなかそんなところは見つからない。

ダメかなぁってちょっと思い始めていました。

そんなある日、突然、マウスが暴走し、まったく関係ないサイトが開いたんです。レイキヒーラーとして働けるところを探していたのに、開いたサイトは、ビジネススクール！　女性の自立をサポートしますってところです。

いや、私が探しているのは、レイキヒーリングをさせてくれるところで、今、スクールに行ってる場合じゃないって、サイトを閉じようと思ったんですけど、なんとなく気になって、じっくりと見てしまいました。

そしたら、そこに、仕事紹介しますって書いてあったんですね。
その言葉にフラフラと乗ってしまったわけです。
レイキを仕事にできないなら、他の仕事を紹介してもらうって手もあるし・・・
なんて思い、とにかく説明会だけでも行ってみようかな、と。
二日後には、説明会の会場にいました（笑）。
そして一か月後、めでたく、そのスクールに入学していました。
こんなことしてる場合じゃないんだけどって思いながら、
なけなしのお金を使って入学した私がいたんです。
でも、そこで大きな二つの出会いがありました。
ひとつは、波動ワークとの出会いでした。

波動ワークというのは、いわゆる波動療法みたいなものです。

レイキもその中のひとつです。波動療法は、波動エネルギーを使って、身体のヒーリングをしたりするのですが、ここで出会った波動療法は、ちょっと変わっていまして、世間では浄霊などといわれているものだったんです。


「憑依」という言葉をお聞きになったことがあると思います。

これは、誰かの身体の中に、本人とは違うエネルギー体（霊）が入ってしまうことなんです。ひとつの身体の中にはひとつのエネルギー（魂とも呼ぶことがありますが）が入っているのが普通の状態なんですが、なんらかの原因で身体を持たないエネルギー体（霊）が入り込んでしまうことがあるんです。


ひとつの身体に二つのエネルギーが入っている状態――――これを憑依と呼びます。

二つじゃなくてもっと入っていることもあります。

「訳もなく人を傷つけたくなった」などと言って、人のたくさんいるところでナイフなどを振り回したりしてしまうのも、この憑依が原因のことが多いのです。

「耳元で誰かが『刺せ刺せ』って言うから刺した、と犯人が供述している」などとテレビのニュースで言っていることがありますが、本人には本当にその声が聞こえているんです。

自分の身体の中から、誰か違う人の声がしてきて、身体の自由が利かなくなってしまうことがあります。

車に二人ドライバーが乗っていて、ハンドルを取り合っている状態ですね。

憑依しているエネルギー体にハンドルを取られてしまうと、車はそのエネルギー体の思い通りになってしまい、自分ではどうしようもなくなります。

憑依されると、このようなことが起きます。

エネルギー体といっても人間の霊だけでなく、動物の霊や低い波動の異次元のエネルギー体（お稲荷さんのキツネとか龍とか蛇など）が、憑依することもあります。

このようなときには、中に入っているエネルギー体と話をして、出ていってもらうしかないんですね。

それが、浄霊といわれるものです。

精神的にも肉体的にも、自分のではないエネルギーが入っているというのは不自然なことなので、病気になったり、精神的にバランスを崩してしまったりします。

このような波動エネルギーを使って、身体のエネルギーや土地や家、特定の場所の浄化方法なども教えてくれる、波動ワークのカリキュラムが、そのスクールにあったんです。

ビジネススクールなのに、まったくビジネスとは関係のないカリキュラムがあることにびっくりしました。


この波動エネルギーというものが、引き寄せなどにも大きく関係してくるのです。

引き寄せの法則、思考は現実化する――は、この波動エネルギーのことを理解できればとてもよくわかると思います。

波動エネルギーに関しましては、後ほど詳しくお話しするとして・・・。

昔から不思議なものが大好きで、目に見えない存在とか（いわゆるお化けなどの類）超能力とかにムチャクチャ興味があって、誰か教えてくれないかなぁって思っていた分野でしたので、喜んで参加しました。

これが、今の私の仕事の基礎になっています。

でも、まだそのころは、これが仕事になるなんて微塵も思っておらず、ただ楽しいから、興味があるから、という理由だけで習っていました。

もうひとつの出会いは、今一緒にサロンで仕事をしている、くみちゃんとの出会いです。

彼女は、初めて会ったときに「どこかで会ったことがある？　私、あなたを知ってる気がするんだけど・・・」と、声をかけてきた不思議な方です。

で、そんなこんなでスクールに通い始めたわけですが、一年間のカリキュラムなのに四ヵ月後、すでに行かなくなっていました（笑）。

お金ももったいないなぁ～～って思いながらも、他が忙しくなってきたので、行けなくなってしまったのです。

だから、波動ワークとくみちゃんと出会うために、このスクールに入学したんだな・・・って思います。

「直感・・・これって、すごく大切なの。

今まで教えられてきた方法は、何かを成し遂げようと思ったら、きっちりと計画を立ててその計画に沿ってやっていきなさいってことだと思うけどね。そのやり方は、すごく大変でしょ。努力とか、忍耐とか、必要になってくるわ。

だから、みんな途中でイヤになっちゃったり、諦めちゃったりして、成し遂げられなくなってしまうの。

それは、波動エネルギーのことを知らないから、そんなしんどいやり方になっちゃうのよ。

波動エネルギーのことを知っていれば、誰でも簡単にやりたいことを成し遂げられるのにね。だって、エネルギー場で、その現実を引き寄せればいいだけのことなんだから。

車を運転しているって、ちょっとイメージしてみて・・・。

どこかに行きたいと思ったら、今までは、自分で地図を見て目的地に行くまでのルートを探して、たくさんあるルートの中から一番近道で、簡単なルートを選び、それに沿って運転していく・・・っていう方法だったでしょ。

地図を見るために、何度も車を止めたりしなきゃいけないし、地図が古くてルートが違っていたりして迷子になったり、大変だったわ。地図の見方も覚えなきゃいけないしね。

これが、今までの、きっちり計画を立てて事を成し遂げようとするやり方ね。


でも、波動エネルギーの使い方を知っていれば地図なんていらないし、計画を立てる必要もないの。

地図の代わりに、ナビゲーションシステムを使えばいいんだから（笑）。

あなたは行きたいところ、目的地をナビに入力するだけ。

それだけで、あとは運転を楽しんでいればいいのよ。

ナビが『三〇〇m先、信号を右折してください』って言えば、その通りにすればいいだけ。・・・でしょ？　音楽でも聴きながら楽しんで運転するだけ。それだけで、気がついたら目的地に着いてるわ。

そのナビの声（誘導）が、時々、パッとくる直感なの。

あなたも経験があるでしょ？

あ、って、閃くこと。それが直感、ナビゲーションのガイド（声）。

だから、直感を大切にしてちょうだいって言うわけね。

もしかしたら、反対の方向や、まったく違った方向に向かって走っているような気がするときもあるかもしれないけど、あなたの持っているナビは、最新の情報を常にダウンロードできるシステムだから、一番、近道で安全な道を教えてくれるの。

あなたは古い地図を見ていたから、新しい道を知らない。だから、ちょっと不安になるかもしれないけど大丈夫。ナビを信じて、その通りにしていれば、簡単に楽しく安全に目的地に着くことができるから。

マウスが動いて、まったく関係ないサイトが開いたのも、ナビゲーションシステムが作動して、そちらの方向へ行くようにっていうガイドだったってことね。

これって、まったく違う道に見えたでしょ？

でも、そのガイドの声（直感）に従ったから二つの出会いがあった。

そして、その出会いで、あなたの現実は大きく変わっていった。


そのときは、何のための出会いかわからなかったけど、あとから考えると、夢を実現するための大きなピースだったってわかるでしょ。

この二つの出会いがなければ、今のあなたの仕事は成り立っていなかったわね。

ホントに直感に従って良かったわね（笑）」

さくやさんとの出会い

なんで忙しくなってきたのかと言うと・・・
サロンを開く準備を始めたからなんです。

かなり時間はさかのぼります。

役者をしていたころ、ある劇団に入っていました。

そこで、あつしさんと出会っていたんです。(ミナミAアシュタールのA、あつしさんです)。

八年くらい前でしょうか。でも、そのころはお互い存在は知ってはいたけど、ほとんど話もすることなく、忘年会などで顔を合わせるくらいでした。

何年もそんな感じだったのに、離婚が決まって、次の仕事を探していたときの忘年会で、初めてゆっくりと話す機会ができたんです。

そこであつしさんがソフト整体のセラピストをしていることを知ったんです。

ご存じだとは思いますが、売れてない役者さんはお金がないんです（笑）。

さくやさんとの出会い

役者さんでお金を持っている人は、いわゆるスターと呼ばれている、ごく一部の人たちなんです。なので、ご多分に漏れず、あつしさんも役者の他にセラピストの仕事をしていたんです。

私もレイキをしていましたから、身体、健康のことなどで話が盛り上がり、そこからなんとなくレイキとソフト整体を組み合わせたら、なにか面白いことができるんじゃない？って話になったわけです。

安易な発想ですねぇ（笑）。

これが、六年前の話です。

でも、それからが早かったです。

二か月もしないうちに、二人でサロンを始める場所探しをしていました。

いろんな駅に降り立ち、雰囲気を見て回りました。

路線図を見ながらいろんな路線に乗り、一駅ずつ降りて雰囲気を肌で感じ、体感していきました。

普通だったら、そこの駅を利用する人口を調査したり、人の流れを調べたりといったデータを集めるのでしょうが、私たちはしませんでした。

ただ直感と肌感覚だけ。それだけを頼りに探していたんです。

起業家としてありえないですよねぇ。

お金のことも何も考えずに、とにかく場所探しばかりしていました。

サロンを開きたい。ただ、その思いだけに駆り立てられ、経済的計画など、まったく考えていませんでした。無計画、とは　私たちのことを言います（爆笑）。

私は、かなり変な女ですけど、あつしさんは、完全にバカな男なんです（笑）。

一緒に仕事をするうえで、どうしても私のことを理解してもらわなければいけなかったので、今までの霊的な感覚、体験などについて話さなければ、と思いました。

で、かなり狂っているると思われるのを覚悟の上で話をしました。きっと、この話をしたら、サロンの件もパーになるかもしれないけど、最初に言っておかなくて、かなり進んだところでパーになるよりはいいだろうと思ったのです。

ところがどっこい・・・「あ〜〜、そうなの・・・ふ〜〜ん、いいんじゃないの」で話は終わりました（笑）。

あつしさんは、そのころ、まったくそんな話には興味がなく、何の知識もありませんでした。なのに、この反応です。大物なのか、ただのバカなのか（笑）。

まぁ、私を理解してくれる人はそうそういないので、あつしさんには感謝です。

こうして、変な女とバカな男の珍道中が始まるわけです。

そして湘南台という場所にたどり着いたときに、二人はほとんど同時に「ここだね」って！

本当に、直感的に感じました。もちろん、なんの調査もしていません。

場所を決めてから、やっとお金が必要なことが身に染みてわかりました。

さぁ、どうする・・・？

とにかく、今できる限りのお金をかき集めました。

これで、何とか店舗を開く準備ができると思いました。


湘南台だと決めてから、まず基点となる事務所を探しました。

その事務所を基点として、サロンを開く準備を始めたのです。


先ほど登場しましたくみちゃんに、「一緒にサロンをやってくれないかな？」って誘ったところ、即決でＯＫの返事をもらいました。

この先、どうなるかもまったくわからないのに、常識的に考えて無茶苦茶な人です（爆笑）。

くみちゃんと私は、ソフト整体のことをまったく知らなかったので、事務所で半年かけて、あつしさんから習いました。

店舗の準備をしながら、ソフト整体を習い、エネルギーワークを学ぶという、とても忙しい日々でした。

そんなわけで、ビジネススクールは続けられなくなってしまったのです。

そのころです。さくやさんと出会ったのは・・・。

事務所でくつろいでいたときに、話しかけてくる存在がいたんです。私眠かったんです。だから声を無視してたんです。なのに、しつこい。

「誰？　今眠いから・・・」

「いやねぇ～、忘れちゃった？　私のこと？」

「えっ？　誰？」

「あなたが小さいころから話をしてたじゃない」

「えぇ？　〝声〟の人？」

「そう（笑）」

・・・ということでめでたく〝声〟の主がわかった瞬間でした。

ここから、また新しい展開が始まります。

私はこの声の主を、さくやさんと呼んでいます。

さくやさんは一体、何者なのか、ということなのですが・・・。

さくやさんが言うには宇宙人だそうで――とはいっても、身体を持ったいわゆる目に見える宇宙人ではなく高次元の存在で、次元の違うところからテレパシーで話しかけているそうです。・・・よくわかりません（笑）。

これは、私自身もなかなか受け入れることができず、しばらくは私の頭がおかしくなったのかと思いました。

が、小さなときから話をしていた〝声〟と同じ雰囲気？　匂い？　だったし、私の知らないことを教えてくれるので、信用しないわけにはいかず・・・混乱の時期でした。

さくやさんは、いつも冗談ばかり言ってる、とても素敵な方です。

でも、やるときは、きっちりやってくれる、結構、男前な人？　です（笑）。

よく「あなたは、良いわよねぇ、・・・いろんなことを教えてくれる存在がいて。その指示通りにしておけば、なんでもうまくいくんでしょ？」って言われますが、そんなに甘くはありません。私が聞かなければ何も教えてくれないし、聞きすぎるとエネルギーを切られてしまい、まったく話ができなくなるんですから。

それに、教えてくれる情報はぶっ飛んだものばかりで訳がわからないし、結構、大変なんです。だって、困ってるって言ってるのに　楽しいことをしてればいいのよって答えが返ってくるんですから。意味がわからないことばかりでしたよ、本当に・・・。

今の私たちがフォーカスしているのは物質世界で、さくやさんがフォーカスしているのはもっと軽い次元だそうです。

「まぁ、私が何者かっていうのは、あなたにはそう関係ないことなのよね。

私は、あなたから見たら地球にはいないから宇宙人。それは、たしかね。

でも、私がどこの星にいて、どんな姿形をしているかってことは、どうでもいいことなの。

私がいるところの次元が、少しあなたとは違う。それだけ（笑）。


次元ねぇ・・・どう説明しようかしら。

次元って、波動のことなのね。


波動は、エネルギーの波の大きさって言えばわかるかしら？

電波にも波長があるでしょ。何ヘルツっていう——それって、電波の波の大きさのことでしょ？　大きさっていうか、長さっていうか、短さっていうか？（笑）。

とにかく、波にもいろんな波があるわよね。

波動エネルギーにも、いろんな波があるわけよ。その波の大きさで、次元が変わってくるの。だからって、ここからが三次元で、ここから五次元って、はっきり区別があるわけじゃなくて、もっと緩い感じ。グラデーションみたいな？　虹もここから赤で、ここから青って、はっきりしているわけじゃなく、なんとなく色が変わっていくでしょ？　そんな感じって思ってもらえたらいいわ。

で、その波の違いは何かっていうと、〝愛〟の割合が違うってこと。

〝愛〟っていうと、特殊な愛――男女の愛、親子の愛とかを思い浮かべると思うけど、私が言っている〝愛〟は、それとはちょっと違って・・・

どちらかというと、〝感謝〟とか〝尊敬〟に近い感じかな。

その〝感謝〟の気持ち、〝尊敬〟の気持ちの割合が多ければ多いほど、波動エネルギーは軽くなっていくの。

波動エネルギーが軽くなると、次元が上がっていく。上がっていくっていっても、位置とかじゃなく、広がっていくって言ったほうがわかりやすいかもね。

あなたの身体のまわりにもたくさんの次元があって、あなたの物の見方・考え方で、どこにエネルギーを合わせるかが変わってくる。


あなたの身体の外側には、たくさんのエネルギーの層があるの。

それが、オーラって言われているもの。

他にも、いろんな呼び方があるわね、エネルギーフィールドとかエーテル体とか・・・。

呼び方はそれぞれだけど、同じこと。

あなたのまわりのエネルギーの層のことを言ってるの。

あなたの中に〝愛（感謝、尊敬）〟の気持ちの割合が多くなってくると、あなたのエネルギーが軽くなってくるから、身体の外のエネルギー層にアクセスすることができるようになるのね。

たとえば、今の身体を氷だとイメージしてみて。

そして、あなたの〝愛〟が熱源だとするでしょ。

その熱で氷が解けていって水になるわよね？　それが、まぁ言ってしまえば、次元上昇みたいなこと。

そして、もっと熱を加えれば、水も形を変えて蒸気になるでしょ。

そんな感じで、どんどん形を変えていくのよね。でも形を変えるだけで、水自体は何も変わらない。

だから次元が違っても、あなたはあなた――だってこと。

ただ、氷のあなたより、水のあなたのほうが〝愛〟の割合の多い、物の見方・考え方をするってことね。


たくさんのあなたがいるんじゃなくて、あなたはひとりしかいないんだけど、あなたのまわりのエネルギー層はたくさんあって、そのどのエネルギー層にあなたの考え方を合わせるかってことなの。

今、あなたがいる氷の次元は、〝愛〟が少ないから、弱肉強食――強いものが弱いものを支配する世界。

でも水になれば、それはなくなって、対立（競争、比較）ではなく、調和（融合）の世界になるの。

そして、あなたの住んでいる地球（私たちは、テラって呼んでる）は、水の世界になろうとしているのね。テラも、もちろんあなたと同じ生命体。

形が違うだけね。あなたは、テラ（地球）という生命体に住んでいるの。

あなたの身体の中や表面にも、たくさんの生命体が生きているでしょ（笑）。

形は違うけど、ビフィズス菌とかなんとか菌とか、ね。菌も生命体だってことよね。

話がちょっとずれちゃったから、元に戻すわ。


テラ（地球）が水になろうとしているとき、あなたも一緒に水になるの。

そうじゃないと、水になったテラ（地球）に住みにくくなるから。

でも、あなたの思考が変わらなければ――――波動が軽くならなければ、テラ（地球）とは一緒に上昇できないでしょ。

そこで私たちが、あなたに水になるための、物の見方・考え方を伝えてるってわけ。

私はもう水の世界にいるから、水の世界の物の見方・考え方を知ってる。

だから、伝えられるってことね。

あ、でも、あなたには自由意思があるから、水になりたくない、もっと弱肉強食の氷の世界にいたいって思うのならば、それはそれでいいのよ。

どこの世界が良くて、どこの世界がダメっていうことはないんだから。

あなたが、どういう世界にいたいか。ただ、それだけだから、どこを選んでもいいの。

氷がダメで、水が良いってことはないでしょ？　それは、あなたの好き好きに決めていいのよ。


そしてね、思考もエネルギーだって話をしたわよね。

だから、早く〝引き寄せ〟を使いたかったら、あなたの波動エネルギーを軽くすればいいってことになるのよね。

だって、氷より水のほうが波動が伝わるのが速いでしょ。

水より蒸気のほうが速い。わかるわよね。

だから水の世界に行ったら、すぐにあなたの願いや思いが、現実になってあなたの前に現れる。

ただし、あなたにとって良いと思うことも現実になりやすくなるけど、イヤだと思うことも現実になりやすい。それはわかるわよね。

前にも言ったけど、エネルギーは判断しない。だから、あなたが何を思うかで、どんな現実も創ることができる。

だから、水の世界では思考に気をつけないといけないのよ。

まぁ、初めから〝愛〟が少ないと、水の世界に行けないから、そんなひどいことにはならない。だから、心配することないけどね。

すっごく簡単に次元の話をしたけど、なんとなくわかったでしょ。

次元は、どこかにあるんじゃなくて、あなたの考え方、思考の中にあるってこと！

水の世界に行きたいと思うのであれば、あなたの中の〝愛（感謝、尊敬）〟の気持ちを育てればいいってことよね。

蒸気の世界に行きたければ、水よりもう少し〝愛〟を育てればいい。あら、簡単（笑）。

じゃあ、波動エネルギーを軽くして水の世界に行きたいと思ったら、どうすればいいかって？　それも、すごく簡単（笑）。


イヤなことをやめて、好きなことを楽しんでいればいいの。

イヤなことを我慢してたら、波動が粗く、重くなっていくの。

だって、イヤなことをしてたら、気持ちが良くないでしょ。気持ちが落ち込むでしょ。

だから、同じように波動エネルギーも落ちていく。わかるでしょ？

楽しいことをしてたら気持ちいいでしょ。だから波動エネルギーも軽くなる。

そして、気持ちいい、ご機嫌さんだから、みんなに優しくできる。・・・ということは、〝愛（感謝、尊敬）〟を感じることができるようになる。


話を最初に戻すけど、私が何者かということはあなたにとってどうでもいいことで、必要なのは話の内容。それだけ聞いてちょうだいってこと。

もちろん、聞きたければ、の話だけどね。

で、ここまでは前置き（笑）。

私が、何を話したかったかっていうとね。


思うように現実を引き寄せたかったら、まず、はっきりと決めること！


決めなければ何も始まらないわ。

決めるからこそ、いろいろなことができるのよ。

調査をしてみても、決めなければ何も起きない。

たとえば、あなたが蕎麦が食べたいと思ったとするでしょ。そして、どこの蕎麦屋さんが評判が良いか念入りに調べても、それだけじゃ何も起こらないわよね？

知ってるだけじゃ、何も起こらない。はっきりと、どこの蕎麦屋さんにするか決める。

ここからすべてが始まる。

はっきりと決めるから、行動に移せるのよね。どうやって行くか、電車で行くか、車で行くか、歩いていくか、決めることができる。わかる？

当たり前だって思うでしょ（笑）。

そうなの、当たり前のことなの。こんな小さな、蕎麦を食べたいという望みも、はっきり決めるから現実になる。蕎麦を引き寄せることができるの。

望みに小さいも大きいもない。小さなことはできるけど、大きなことはできないということはない。どちらも同じ。はっきりと決めることで、現実になる。

それからね、調査もいらない。だって、誰それが美味しいって言いました、イマイチでしたって言いましたってことを調べるんでしょ？

誰それには美味しいかもしれないけど、あなたの口に合うか、あなたが美味しいって思うかどうかはわからない。

そして、そのときは美味しい蕎麦を出していたかもしれないけど、あなたが行くときは、違う人が作るようになってて、美味しくなくなってるかもしれないわよね（笑）。

だから、調査して、そのデータを踏まえたうえで――なんて、ナンセンスなのよ。データなんて、集めているときから古くなっていくんだから。環境はどんどん変わっていくんだから。


そのときに、あなたが感じた直感。それが大切なの。


あなたがしっかり、はっきりと決めたら、エネルギー場が動いて、必要な物を引き寄せ始める。

引き寄せ終わったらそれがエネルギー場でできあがるの。

そして、エネルギー場でできたものが、現実に移行するときの合図が直感！

直感は、現実化するためのカギ！

だから、直感に従って動いていけば、現実化していくってこと。

調査や計画なんて、いらないの。

そんなことをしたら、反対にエネルギー場でできたものを現実に投影させる（現実化する）のを邪魔してしまうわ。

だから、しっかりと決めて直感がきたら、それに従って動く！

できない理由ばっかり数えてないで、
まずは、はっきりとやる、と覚悟して決めること！
それだけ（笑）！」

サロンの準備、プライドは邪魔

そんなこんなで、サロンの準備を始めました。

事務所の近くに、サロンにするのに良さげな店舗はないか。湘南台の不動産屋さんをまた歩き回りました。なかなか　見つからなかったです。

事務所を基点に準備を始めたのが、八月です。

そして、「ここすごくいいね。ここでサロン始められたらいいね」っていう空き物件を見つけたのが、九月。でも、そこは、広い。駅からも近いし、きっとすごく家賃が高いだろうと思い、しばらく二の足を踏んでいました、

でも、そこがいい。二人とも一目ぼれ状態だったために、他の物件を探しても、どこも気に入らない。でも今の私たちには、この物件は無理、という堂々巡りの日々。

サロン開業の目標は、翌年の四月でした。

サロンの準備、プライドは邪魔

一月まで待ってみて、まだこの気に入った物件に借り手がつかずに残っていたら、縁があるってことだから、ちょっと無理してでもここにしようって、無茶苦茶なことを考え、しばらく、他のことに集中していました。

空いていても、家賃とか他の支出を考えるとかなりキツイ。でも借り手が決まってしまうと、すごくがっかりするだろうな、という矛盾する二つの考えに翻弄されながら、一月を迎えました。


その物件は――――まだ残ってました。これはもうやるしかない。またまた見切り発車で、不動産屋さんへ飛び込みました。

しつこいですけど、起業家としてはもうありえない行動です。

こんな二人じゃ、空き店舗のオーナーもきっと不安で貸してくれないんじゃない？

とか思って、ドキドキしながら入っていきました。

ただただ、私たちの思いを正直にオーナーにお話ししました。

こういうサロンにしたい――――あるのは、この頭の中にある熱い思いだけです。無計画。その言葉だけの私たちに、オーナーは、何も聞かず気持ちよく快諾してくださったのです。強く思えば思いは通じる。なんとかなるもんだねぇ、な～～ンて、軽く考えていました。反対に、自分たちで頼んでおきながら、そんなんでオーナー大丈夫なのかなぁと、心配したものです（笑）。

このころ、さくやさんに、「これでいいの？　これで大丈夫？」って結構聞いていましたが、さくやさんは、「あなたたちが、それがしたいのならば、やればいいんじゃない？」なんて、簡単に言ってくれるわけです。

不安だから、さくやさんにちゃんとアドバイスが欲しかったのに、返ってくる言葉はいつも同じ。

「ちゃんと教えてよ」って、ブツブツ文句ばっかり言ってたら、交信を切られてしまいました。

何を聞いても、まったく無反応。何も話してくれなくなっちゃったんです（汗）。

「なんで？　なんで？　一番頼りたいときに、どうして何も教えてくれないの～」って、どんなに毒づいても知らん顔。

長い間、交信が途絶えました・・・。
さくやさん怒っちゃって、もう二度と話をしてくれないのかなぁって、さみしくなってたころ、娘を介して、さくやさんからメッセージがきたんです。（娘も私と同じツールを持ってきてるみたいで、宇宙人と話ができるんです）

「私に依存しないで・・・
自分で何も考えず、自分で選択しようとせず、どうしよう、どうしようって、人を頼ることしか考えない、そんな人たちに何も話すことはない」って（涙）。

きつかったですね、そのメッセージ！
たしかにそうです。すぐに頼っていました。ごめんなさい・・・。

自分で考えて、自分で決めます。だから、もし、ダメじゃなかったら、また、話をしてくださいって泣きつきました。

でも、やっぱりダメでした。


そうしているうちにサロンの準備が始まり、スケルトンの状態（何もない、ただのコンクリートの箱）だったので、どんな内装にするか、本当に一からやらなければいけなかったので、考えることがテンコ盛りの状態で、しばらく、さくやさんのことも頭から消えていました。

とにかく、目の前のことをひとつずつ、できることからやるしかない。

これが、一月の終わりごろです。

お金の面でも、正直、かなり厳しい状態でした。

大きな店舗に決めてしまったし、内装に思っていたより経費がかかったりで、予定していた手持ちのお金は、どんどんなくなっていって、サロンはできるけど運転資金がない――

本当に無計画この上ない二人でした。

なんとかお金を借りなければ・・・と、あちこちの公共機関に書類を提出したり、面接に行ったりしたんです。私たちの思いは、きっと誰でもが感動して、気持ちよく受け入れてくれるものだと信じ切っていました。

開業して三か月もあれば順風満帆、借りたお金も半年もあればすぐに返せると真剣に思い、その夢ものがたりの計画書を作成していたんです。

そして提出。結果が出るのが、十日後のあつしさんの誕生日！

「いい誕生日プレゼントになるねぇ」・・・なんて、おバカな二人は笑って話していました。

・・・が、あっさり断られました。

当たり前ですね。なんせ思いっきり無計画な計画書を提出していたんですから。

それに担保もないし、しっかりとした保証人もいない。ないない尽くしで誰がお金を貸してくれるか、っててんですよね。

最後の希望だった公共機関に断られた日、横浜のデパート前の喫煙コーナーでタバコを吸いながら遠い目をして立っている、あつしさんの途方に暮れた姿が目に焼き付いています。

こんな私たちでも、店舗のオーナーは気持ちよく貸してくれた。熱く思えば、なんでも思い通りになるんだ、思考は現実化するんだ、な〜〜ンて胸焼けしそうなくらい甘い考えでお金を借りにいった私たち。

現実の大きな壁にぶち当たり、二人にはもう成す術がなくなっていました。

ここでお金を借りられないということは・・・。

今つくっているサロンが、営業する前に〝ダメじゃん〟になってしまう。

一日もサロンを開けることなく閉店？　笑うに笑えない状況でした。

五里霧中、八方ふさがり、万事休す――とは、私たちのためにある言葉です。

店舗は決まって、内装がそろそろ始まるという時期に、今ごろお金の心配？

ありえないです、我ながら。

店舗の準備も、すべて動き始めているのに、一番肝心なところが始まらない。すべて、パアです。

またもや・・・「どうしよう・・・さくやさん・・・」

「あなたたちは、どうしたいの?」

「サロン、開きたい。みんなが、喜んでくれるようなサロン、開きたい」

「じゃあ、今、やれることに集中してればいいんじゃないの?」

「でも、お金がなければ、ダメになるかも・・・。そんな状態で、いろんなことを進めるわけにはいかないよ」

「いい？　考えていることが現実になるのよ。ダメだと思えばダメな現実となる。できると思えば、できる現実になる。だから、あなたはどうしたいの？」

「だから、サロン、開きたいの」

「だったら、サロンを開くことを信じて、その準備をしていればいいの。心配すれば、心配しなければいけない回路が開くわよ。ダメだと思えば、ダメになる回路が開くのよ」

「また、その回路の話？？」

以前の経験から、この回路のことは、だいぶ信じられるようになっていました。だからお金のことは心配せずに（あえて、しないようにして）、今できること――サロンを開く準備と引っ越しの準備をすることにしました。でも、そんなことを言っていても、やはり頭の中では、頻繁にお金の心配がよぎります。

どうしよう。イヤ、大丈夫。でもダメだったら・・・。いや、大丈夫、何とかなる。

この、繰り返し。

「お金のことは大丈夫。今、この瞬間、やりたいことをしていれば、必要なものは手に入るから」


「さくやさ〜ん、怖いよ〜」と言う会話を何度も繰り返した日々でした。

もう、こりゃ手の打ちようがないぞ、と思ったとき、フッとある人の顔が浮かんだのです。

あの人に話をして、頼んでみようかな。

でも、その人は一番話しにくい人でした。

そういう話をするには、私にとって一番苦手な人だったんです。

無理無理無理、ありえない。あの人が貸してくれるわけないよ、鼻で笑われて終わり。

バカにされて、プライドズタズタになるのがオチだって。他に方法はないかなぁ――

って思えば思うほど、その人の顔が浮かんでくるのです。

「どうしよう。それだけはイヤだなぁ。さくやさんもイヤなことをしたら、イヤな回路が開くって言ってたし・・・やめといたほうがいいよね」と・・・ブツブツ。

「直感を信じてみたら？　イヤだと思っているのは、あなたのプライドでしょ？プライドは、何の役にも立たないのよ。あなたは、どうしたいの？プライドを守りたいの？　サロンを開きたいの？」

「サロン、開きたい・・・」

「ならば、まだ手があるのならば、やってみればいいじゃない。やってみなければ、どうなるかわからないでしょ？　その人が、あなたのプライドをズタズタにするかどうか、それもわからないことでしょ。それは、あなたが勝手に想像してるだけのことなんだから」

「う〜、辛い。辛すぎる・・・」

プライドをとるか、サロンの開業をとるか。

生きるべきか、死ぬべきか。それが問題だ——ハムレットの心境でした（大げさじゃないです。本当に辛かったんですよ〜）。

でも、どんなに考えても他に打つ手はない。前も後ろも横も崖っぷち。

え〜い、もう、どうにでもなれ。死ねと言うなら死んでやるぅ。

崖から飛び込む気持ちで電話して、アポイントを取りました。

無計画な計画書ですが、できる限りの思いを込めて書いて、持っていきました。

何を言われても反論しない。バカにされても、そうです、私はバカです、と認めましょう、と固い決心をして行きました。


これが、最後の砦。ただただ真剣な私の気持ちを伝える。これしかありません。

書類を見せながら、必死で話をしました。

きっと、ものすごく怖い顔だったと思います。

その私のものすごく怖い顔におびえたのか——何も聞かず、「いいよ」と！

思わず頼んだ私のほうが、「えっ？　いいの？」って感じでした。

それも「貸すのではなく、投資してあげよう」って言ってくれたんです。

投資というのは、うまくいったら返してくれればいいよ、ということですよね。

月々の返済は待ってくれる（しなくていい？）ということですよね。ものすごく力んで全力でぶつかって開けようとしたドアが、ぶつかる前に開いて、勢い余って前に転んじゃった――そんな感じ。狐につままれた感じ。これって本当に現実なの？

こんなことって、あるんだぁ～（叫）。


「ね、大丈夫って言ったでしょ・・・」

「ホントだった、疑ってごめんなさい、さくやさ～ん」


「あなたたちはね、言葉だけで話してると思ってるでしょ？

違うのよ。本当はね、言葉なんてほとんど聞いてないの。

人はね、言葉よりも先にエネルギーで話をしてるのよね。

あなただって、経験あるでしょ？　すごく優しい言葉で話しかけられてるのに、なんとなく本心は違うんじゃないかな・・・って、感じること。とっても良いことを言っているんだけど、この人、本心ではそう思ってないなって感じること。政治家の人たちをイメージすればわかると思うけど（笑）。

たとえば、犬とかネコとかも同じ。犬やネコは、あなたたち人間の言葉は話さないけど、でも、なんとなく雰囲気で怖がってるなとか、喜んでるなとか、怒っているなとか、わかるでしょ？　態度だけでわかるんじゃなくて雰囲気でしょ？

雰囲気っていうのは、エネルギー場での会話なのよ。会話っていっても、あなたたちの言葉で話すような会話じゃなくて、テレパシーって言えばいいかな　テレパシーって、言葉で話してるんじゃなくて、理解を飛ばし合ってるのよ。理解を飛ばし合ってるときと、イメージを飛ばし合ってるときがあるんだけどね。

たとえば、名前が出てこなくて、でも頭の中ではその人の顔とかイメージはある。『あ〜〜あの人なんだけど、名前が出てこないんだけど・・・』『あ〜〜、もしかしてあのTさん？』『そうそう、それそれ』っていう会話したことあるでしょ？

それって、ヒントがあってわかるんじゃなくて、イメージをエネルギー場で飛ばして、それを拾っているからわかるのよ。あなたも当たり前に使ってるでしょ？　テレパシー。

『あれあれ、それそれ』の会話、してるでしょ（笑）。

だからね、伝わってないと思っているけど、言葉に出す前に、あなたのエネルギーはバレてる。無理だわって思いながら話をしてると、それをキャッチして（もちろん意識的にはわからないわよ。でもなんとなく察知できる）、最初から無理だと思っている人には感動しないから、お金も貸してくれないってこと。いい？

本気で真正面から包み隠さず、真剣に話をすれば、その気迫が通じて、それを聞いた人は感動するの。感動って、心が動く――ってことでしょ。

あなたが真剣なエネルギーを出せば、そのエネルギーが伝わって、受けた人の心を動かす。

だから、協力してあげようって思えるの。

それが、最初から諦めたようなエネルギーで話をしても、そのエネルギーは受け手には届かないから、受け手は感動しない。だから、無理だということになる。

だから、切羽詰まったときのほうが、物事はうまくいくことが多いでしょ。

切羽詰まった真剣さが、エネルギー場を動かすからなの。わかるかしら？

それからね、へたなプライドなんて、まったく必要ない。反対にプライドで話をすると、ダメになる。プライドというのは、自分を必死に正当化するためのもので、誰の心にも届かないし、感動させることもできない。真剣さに欠けるから、誰にも伝わらないし、感動しない。こいつ本気じゃないなって、わかっちゃうから――だから、協力者を引き寄せることができない、ということね。あなただってそうでしょ？　なにか協力を頼まれても、その人から本気さを感じなかったら、協力することに不安を感じるだろうし、する気にならないでしょ？


だから、何かしたいと思ったら、つまらないプライドなんかどっかに追いやって、真剣に向き合うことが大切なのよ。余裕は必要だけど、プライドはいらない。
プライドは余裕じゃなくて逃げだから。
逃げてたらエネルギーは前には出ないから、何も引き寄せられないのよ。

中途半端なエネルギーじゃ、引き寄せられないわよ。
でも本気でやりたいことがあれば、それってそんなに難しいことじゃないと思うけど。
どうかしら？（笑）。

本気じゃなければ、引き寄せられない。

これは人だけじゃなくて、物質もそうだってこと！

物質だって、波動エネルギーでできているんだから。

波動エネルギーを動かすには、あなたの波動エネルギーが迷っていたり、弱かったりしたら動かないでしょ。機関車を動かすには、それだけのエネルギーが必要だし、車を動かすにはそれだけのエネルギーが必要になってくるのはわかるわよね。エネルギーを引き寄せるには、それだけのエネルギーが必要だってこと！」

異次元の話

最初のほうで書いた通り、私、ミナミは小さなころから、ちょっと変わった子でした。

自分では〝変わっている〟という自覚はなく、いろんなものと話をしていました。

木や花や犬やネコや、それに目に見えない存在たち。

まわりにいる人たちと同じように、普通に話をしていました。

誰とでもなく、ひとりでブツブツしゃべっていたんで——あ〜、やっぱり変か（笑）。


話をするといっても、はっきりとした〝声〟が聞こえてくるわけじゃなくて、なんとなく〝わかる〟って感じかな？　自分と違う〝意識が入ってくる〟？　〝理解が降りてくる〟？

なかなか言葉で説明するのは難しい感覚です。

言葉じゃなくて、写真が送られてくる、みたいな・・・。

写真ってパッと見たら大体わかるじゃないですか。犬が木の下に座ってる写真を見れば、どんな種類の犬か、どんな木か、晴れてるのか、雨が降っているのか、犬はくつろいでるのか、警戒しているのか。いろんな情報が一瞬でわかりますよね？　そんな感じで、〝声〟が何を言いたいのか、パッと一瞬で理解できるんです。

でも、記憶力がついていけなくて、すぐに忘れちゃうんですけどね。

そんなこんなで、いろんな存在と話をしていました。その中で、ひとり、いつも話しかけてくれる特定の存在がいました。いつも一緒にいてくれているみたいで、何かあると話しかけてくれるんです。それが誰か、名前とか知らなかったけど、すごく優しくて、楽しくて、面白いんです。その〝声〟がこうすれば、って教えてくれることを聞いていると、なぜかすべてスムーズにいくんです。

小学校の入学試験のときのことを、よく覚えています。

親の意向で、小学校からカトリック系の私学に通っていました。私は気が強くて、他のお子さんのように親やまわりの大人の言うことを聞かなくて、いつも母から「あんたは強情だから」って言われていました。

「だってイヤなんだもん」って言うと、誰がなんと言おうとテコでも動かなかったそうです。

どうして、イヤなことを「イヤだ」と言って怒られるのか、意味がわかりませんよね。

気が向かないと、誰の言うことも聞かない、本当にやりにくい子だったみたいです。

だから両親・・・特に母は、しつけの厳しい学校に入れなければ、この子はどうにもならなくなる、と思ったみたいで、カトリックの、しつけの厳しいと言われている学校に入れたかったらしいです。

そのときの試験で、ケンケンパーをしながら、床に置いた輪を跳ぶっていう体育のテストみたいなのを受けたとき、派手にころんじゃったんですよ。格好悪くて、泣いちゃいそうになったんだけど、そのとき、〝声〟が――――。

「大丈夫だから。ほら笑って、輪を元のところに戻して、もう一度初めからケンケンパーしてごらん。なーんにも恥ずかしくないよ」って、優しく言ってくれました。その〝声〟の言う通りにしたんですね。そしたら、合格しました。あとから親が、先生から「あのとき泣いていたら不合格になっていた」って聞いたそうです。

（そんなことで不合格にしちゃう学校もどうかと思いますけどね、今思うと）そんな学校でしたから、私の性格ではどうしても馴染めなくて、大学卒業するまで結構？かなり？　イヤイヤ通っていました。途中でやめればよかったんでしょうけど、その勇気もなく、なんとなく通っていました。一度、小学校のときに登校拒否になりかけたんですが、母があまりにも怒るし、泣くしで、それがめんどくさくて、それならまだ学校に行ってるほうが楽だったんで、仕方なく毎日登校していました。

そんな感じで、いつもその声と話をしていました。
時々、なんとなく意味もなくムクムクと反抗心が湧いてきて（反抗期？）。
他の誰かの言うことを聞いたりして、教えてくれたことと違うことをすると、物事がスムーズにいかなくなるってことも多々ありましたけど・・・。

でも、私はその〝声〟といつも一緒にいました。

そして、私は、誰もがみんな、私と同じように〝声〟と一緒にいると思っていたのです。

少し大きくなって、小学校高学年くらいになると、みんながそうじゃないことがわかってきたんです。


何がどうなって、そうなったかはわからないんですけどね。

突然、その〝声〟と話をすることをやめてしまいました。

というのも、かなりショックな出来事があったらしくて、ショックすぎて、私はその記憶を封印してしまったんですね・・・どうやっても、思い出せない。

ただ、そのときに、友達（だったと思うんですけど）から、「うそつき。気持ち悪いのよ。だから、みんなから嫌われるの。みんなに嫌われてるの知らないの？」って言われたらしく、その言葉だけがやっと思い出せる記憶です。

で、もう〝声〟と話をしなくなりました。

〝声〟とは話さなくなったけど、でもまだ、なんとなく感覚は残っていました。誰もいないのに誰かがそばを通る感覚とか、近くに誰かがいるような感覚。それが何かわからないけど、まぁ、いいかって思っていた中学生時代！


そのころ、引っ越しをしたんです。

父は、ひとところに長くいると飽きちゃうそうで、五年に一度は引っ越すんです。家に関して、私たち子どもには選択権はなく、父が気に入れば、そこに決まるんです。そのときも売買契約が終わり、引っ越しが決まってから初めて、私はその家（マンションの一室）に連れて行ってもらったんですが、もうびっくりですよ。

なんと両隣がお墓、後ろに病院、ちょっと離れてお寺が数軒——その上、そのマンションは、お墓をつぶして建てたものだそうで・・・私にとっては、マジ劣悪な環境でした。

私は、小さなころから、いわゆる目に見えない存在を感じていたんです、祖父のお墓参りも、私にとっては結構大変なことだったんです。お墓にはいろんな目に見えない存在がいるんですよね。目ではっきり見えるとかではないんですけど〝感じる〟んです。目に見えない存在を感じると、気持ちが悪くなったり、咳が止まらなくなったりするので、お墓に行かずに車の中でひとり待っている、ということもしょっちゅうでした。

病院やお寺にも同じ感覚を持っていましたので、なるべく近づかないようにしていました。目に見えない存在がすべて悪い存在だ、ということではないんですが、感じると気分が悪くなるんですね。

まぁ、何も感じず、目に見えない存在など信じていない父ですから、気分が悪くなることをいくら説明してもよくわかってなかったんでしょうけど。

父に抗議をしても、すでに売買契約を交わしていたので、あとのまつりです。

イヤな予感。

案の定、毎晩　私の部屋になにやらやってくるわけです。

後ろの窓から目に見えない存在（いわゆる幽霊）が入ってきて、私の部屋を抜けてリビングの窓から出ていくんですよ。右のお墓から左のお墓へ抜けていくのにちょうどいいらしく、通り道って感じ。毎晩ですよ、毎晩！　なんで、いちいち私の部屋を通り抜けていったのか――今でも疑問です。身体がないんだから、私の部屋をわざわざ通り抜けなくても、ワープしていけばいいじゃないですか。空でも地下でも、どこでも行けるはずなんだから、なんで私の部屋を通り抜けて行くかなぁ、まったく。今がその状態だったら、ひっつかまえて理由を聞くんだけど、まだ、か弱い中学生の私は、ただひたすら早く出てってよ～って願いながら、寝たふりするのがやっとでした。

でも毎晩、いろんな人が入ってきては抜けていくのを感じながら、あ、身体を持っていない人たちも、それぞれに性格があって面白いなぁって思っていました。

生きている人たちと、何も変わらないんですよね。寝たふりしている（金縛りになっていて動けない）私の顔を、優しい感じで見ていく人もいれば、身体が動かせないのをいいことに、上に乗っかったりして意地悪していく人もいましたね。

一度、意地悪な人に、心の中で悪態をついたら、部屋から出て行ってたのにもかかわらず、また戻ってきて「なんだこらぁ」って、すごく凄まれて――「ごめんなさい、もう言いません、お願いですからもう出てってください」って謝り倒したのを覚えています。怖かったなぁ～。

ホントに毎晩のことで、たまらなくなって母に相談しましたよ。母は「？・？・？」という感じでしたけど、まだ父よりそのようなことに理解があったので、頭から否定されることなく（感謝です）、「今晩、一緒に寝てあげるから」と優しく言ってくれて、その晩、私の部屋で寝てくれました。

そして、やっぱり来たのです。それもその日は、団体さま。ぞろぞろと何人も・・・。金縛りになりながらも私は必死で「来たよ～、そこ歩いてるよ～」と伝えようとしました。・・・が・・・母は大いびきをかいて寝ていました。

期待むなしくダメだこりゃ。

次の日、よく寝たさわやかな顔で、母は「ね、大丈夫だったでしょ？ 気のせいよ」って。

大丈夫じゃなかったですから、お母さん・・・。

この出来事で、感じる人もいれば、感じない人もいるんだってわかりました。

で、私は、母みたいに感じないようになりたいって本気で思いました。だって、毎晩毎晩、いろんな人に起こされるんですよ？　ゆっくり寝られないんですよ？　マジいやですよ。

ゆっくり眠りたい。その一心で考えました。ひらめいた方法が――「私は、感じない、何もわからない、ぜんぜ～ん、まったく何もわかりませ～ん」って、毎日、ブツブツ唱えながら寝ることだったんです。そしたら、ね。・・・できたんですよ～。誰も来なくなったんです・・・というか、来てるけど、感じないだけだと思うけど。それでいいんです。感じなければ何もないのと同じだから。

やっと、安眠できるようになりました。

それからは〝声〟も聞こえず、感覚もなくなりました。

私は、願い続けていた、いわゆる普通の子になれたんです（祝）。


「見えないものが見える（感じる）ツールを持ってきちゃったのね（笑）」

「さくやさん・・・どういうこと？」

「あなたたちが感じる世界――視覚・聴覚・触覚・味覚・嗅覚という、いわゆる五感といわれる世界の外側には、たくさんの世界があるの。時々、その世界とコンタクトを取ることができるツールを持って生まれてきた人がいるわけ。それって、別に特別な能力じゃなくて、本来なら誰もがみんな持っている能力なんだけど、いろいろあって忘れちゃってるだけなんだけどね。

目には見えないけど、ラジオの電波は確実にあるでしょ？　そして、たくさんの局からたくさんの番組の電波が、いたるところに流れているでしょ？

電波だけじゃ、何も聞こえないけど、ラジオでそれを受信すると聴こえるようになる。

それと同じようなこと――あなたの身体はラジオと同じようなものなの。

ラジオもチャンネルを変えると、違う局から流れてくる番組を聴くことができるでしょ。

自分が五感以外の世界とつながる、コンタクトを取れることを忘れてしまっている人は、ずっと同じ番組を聴いているだけだけど、チャンネルを変えることができる人は、いろいろな番組を聴くことができる・・・ということ。

その電波を、私たちは〝波動〟とか〝次元〟とか呼んでいるのね。どこの〝波動〟〝次元〟に自分の〝波動〟のチャンネルを合わせるかによって、見えてくる、聞こえてくるものが変わってくるってこと。

見えてくるもの、聞こえてくるものが変わってくれば、あなたの見ている現実も変わってくるわよね。だから、あなたがあなた自身の〝波動〟を変えることができれば、どんな現実も見ることができるってことはわかるでしょ？

ラジオのチャンネルを変えれば、違う番組を聴くことができるのと一緒。

だから、ミナミは幽霊たちの波動に合わせていたってことね。他にもたくさんの世界があるのに、そこにチャンネルを合わせて、その現実を引き寄せた。

これが〝波動の法則〟とか〝引き寄せの法則〟とか言われるものなの。

この〝波動の法則〟〝引き寄せの法則〟は、波動ってなに？　っていうことがわかると、すぐに理解して自由に使えるようになるわ。自分の好きなように現実を変え、創造していくことができるようになるの。そのためには〝波動〟のことがわからないとどうしようもないから、そこから話をしていこうと思う」

アシュタールとの出会いについては、後ほどお話しするとして、先に波動について説明してもらいますね。

こんにちは、アシュタールです

こんにちは、アシュタールです。

あなたは、目に見えない世界を信じますか？

幽霊とか、お化けとか、ある意味、宇宙人もそうですね。

「私は信じる」「いや、私は信じない」など、それぞれの方にはそれぞれの考え方があるとは思いますが、信じる、信じないにかかわらず、目に見えない世界はあるんです。

まぁ、宇宙人が話をしているという、このような本を手にされたあなたは、目に見えない世界があることを知っていらっしゃると思いますが（笑）。

目には見えなくても、紫外線とか赤外線とかは皆知ってらっしゃいますね。

電気もそうですし、テレビやラジオなどの電波もそうです。空気も見えないけど、確実に存在しています。そう考えると、実は目に見えるもののほうが少ないんです。

何も見えないし、聞こえないし、何もないと思っているところに、結構たくさんのものが存在してるんです。

これは、エネルギーとも言われます。フリーエネルギーって聞かれたことありますか？

空気もそうですが、あなたの世界はすべてが、そのエネルギーで満たされているんです。

海の中がそうですね？　いたるところ、すべてが海水で満たされています。

それと同じようなものだと思ってください。

見えないけど、エネルギーで満たされているのです。

このエネルギーは波動とも呼ばれることがあります。

海の水は常に波打ってますね？　海面ははっきりと波が見えますが、見えない水面下でも

波（水の動き）はできています。水がゆらゆらと揺れ、波を起こしています。

それと同じことがあなたのまわりでも起きているのです。

そのエネルギーの振動は波動、波長と呼ばれています。

すべては、このエネルギー（波動）でできています。エネルギーが遅く振動しているのが、

目に見える物質となるのです。振動（波動）が細かく速くなってくると、物質ではない、目には見えない領域となるのです。

氷をイメージしてみてください。

氷は、物質として目に見えますね。この氷を熱したら、溶けて水になります。

氷ほど硬くてしっかりとした形はないけれど、でも、まだ目には見えますね。

この水をもっと熱していけば、蒸気になって目には見えなくなります。

でも、水がなくなったわけではなく、ただ形を変えただけですね。

エネルギーも同じなのです。

エネルギーそのものはずっとあるのですが、エネルギーの波動（波）の影響で、ただ形が変わるだけなのです。

そして面白いことに、思考もエネルギーなんですよ。

思考――あなたが頭の中で考えていることも、エネルギーとして、あなたのまわりにあるエネルギーに影響を及ぼすのです。

ということは、あなたが考えたことが、まわりのエネルギーの形を決める、ということです。空間を満たしているエネルギーは、誰かの思考がないとただそこに存在しているだけなのですが、そこに思考というエネルギーが刺激を与えれば、そこに波が起きる。

静かな池の水は動きませんが、そこに石を投げ入れるなどしたら、水が刺激されて波打ちますね。それと同じです。


だからエネルギーを動かしたい、形を変えたい、と思えば　思考エネルギーで刺激を与えればいいのです。・・・ということは、何かを創りたいと思えば、それを考えればいいということですね（笑）。

あなたの思考ひとつで、あなたのまわりのエネルギーは、あなたの思い通りになるのです。

思考は磁石のようなものだと思ってください。

板の上に砂鉄を広げます。そのままだと、ただ砂鉄があるだけですが、そこに磁石を近づけるとどうなるでしょう？

砂鉄は、動き出しますね。

たとえば、ハートの形をした磁石を板の下に置くと、砂鉄はハートの形に集まってきます。

磁石で砂鉄を好きな形にできるように、あなたの思考（考え）は、あなたのまわりのエネルギーを好きな形に変えることができるのです。


だから、すべての始まりは、思考なのです。


思考があって初めて、エネルギーは動くのです。

ちょっと、まわりを見まわしてみてください。

あなたのまわりにあるものはすべて、初めは誰かの頭の中でできあがったものです。

テレビも、電話も、ラジオも、炊飯器も、洗濯機も、パソコンも、椅子も、机も・・・。

何もないところから出現したものは、ひとつもありません。

誰かが、こんなものが欲しいと思ったからそれが目に見える形になったということです。

例外はありません。

宇宙もそうです。
地球も、太陽も、月も、銀河系も、宇宙人も、あなたたち人間も、そして、犬も、ネコも木も、海も、山も、小さな石でさえ、誰かの思考が刺激になって、エネルギーに影響し、エネルギーが形になったものです。

だから、すべてはエネルギーでできていると言えます。だから、すべては同じものだということです。氷も水も蒸気も同じもので、ただ形が違うだけなのと同じように・・・。

そして、なによりも、一番初めに「思考」した存在なのが、絶対無限の存在と言われるものなのです。

初めはナ〜ンにもありませんでした。ナ〜ンにもです。
完全なる〝無〟光も、闇さえも存在しない世界。世界という概念もありません。
できる限りでいいですので、ちょっと想像してみてください。

ん?

h
?

あれ？

私?

誰？

静かな静かな水面に、波が、突然現れた瞬間でした。

波は〝波動〟であり、〝エネルギー〟であり、〝意識〟なのです。

波動＝エネルギー＝意識。

突然、自分を自分として認識してしまった、意識が生まれたのです。

「私？」・・・「誰？」・・・。

とにかく、〝自分がいる〟。それだけがわかる。この意識から、宇宙は始まったのです。

この絶対無限の存在は、自分が誰なのか？　どうしてここにいるのか？　何のために生まれたのか？　を知りたくなったのです。そこで、意識を二つに分けてみました。

二つに分けてお互いを観察してみたら、何かがわかるかもしれない――――と思ったのですが、あんまりわからなかった（笑）。

だから今度は、四つに分かれた。でも、よくわからない。今度は、八つ、十六、三十二、六十四、百二十八・・・を繰り返し、今は、とてもたくさんに数えきれないほどに分かれているのです。

そして、たくさんの経験をしてみれば、自分が何者なのかわかると思い、いろんな経験をすることにしたのです。

それが、あなたや私なのです。

あなたは、絶対無限の存在が分かれた分身なのです。

あなたの中に、絶対無限の存在の意識が入っているのです。

だから、あなたも、時々思うことがありませんか？

「私って、誰なんだろう?」

「何のために生まれてきたのかな?」

「どうして、ここにいるの?」

これが、絶対無限の存在のテーマだから、絶対無限の存在の分身であるあなたも同じことを思うわけです。

もちろん、この絶対無限の存在の分身は、あなたたち人間だけではありません。
宇宙のすべての存在が、絶対無限の存在から分かれた分身なのです。
地球だけで話をしても、木も草も犬もネコも石も水も山も・・・。
すべてが同じものからできているのです。

すべて同じものからできている。
そのすべてのもとは、波動（エネルギー）なのです。

この分かれたエネルギーの集合体が、宇宙を構成しているのです。
ですので、すべての存在はつながっていて、元はひとつなのです。
あなたと隣の人は、姿形は違いますが、同じ存在だということなのです。
隣の人は、あなたなのです。

これが、ワンネスと呼ばれるものです。

だから、あなたは私、私はあなた・・・。

あなたたちの中には、八百万の神（やおよろずのかみ）という考えがありますが、
これは、その考え方なのです。

すべては絶対無限の存在だということ、絶対無限の存在を〝神〟という言葉に置き換えるならば、すべては神だということ。

これが、八百万（たくさんの存在）に神が宿っているという言葉になったのです。


すべては波動エネルギーでできています。

あなたの身体だけでなく、あなたの思考（考え）も波動エネルギーなのです。

思考はエネルギー・・・ということは、あなたの思考が他の存在に影響して、あなたの見ている現実を創るのです。

「引き寄せの法則」

「思考は現実化する」


それは、このすべては波動エネルギーだということを言っているのです。

あなたのまわりにあるものはすべて――すべて、すべてですよ――最初に、誰かの頭の中でできあがったものだということですね。

誰かが、こんな物を創りたい、と思わなければ、それは絶対にできないのです。

椅子も、机も、ボールペンも、何もかもすべてが、まず誰かの頭の中でできたものです。

頭の中で思考したものを、現実に創ったということですね。


そんなの当たり前でしょって思うかもしれませんが、思考しなければ何も起きないのです。

これが、思考は現実化する、ということです。

あなたが、何かが欲しいと思考したとします。

水面に投げ入れられた石がつくる波のように、あなたの思考エネルギーが、すべてがつながっているエネルギー場に影響を与え、波をつくり、宇宙の隅々にまで伝達されていきます。そして、あなたの思考エネルギーが欲しているものと共振するものが、あなたに引き寄せられてくる、ということになるのです。

これが引き寄せです。

あなたは、何か欲しいと思ったとき、無線でそれをたくさんの人にアピールしているのです。エネルギー場というところに、大きな声で「これが欲しい、こういうことができる人はいませんか？」って募集しているのです。それを聞いた人が、エネルギー場で返事をしてくれます。返事をしてくれた、その人とあなたはエネルギー場で無線で話をして、お互いが了解したら現実としてその人があなたの前に現われる――ということなんです。

物もそうです。こんなものが欲しい、とエネルギー場で呼びかけると、それがどこにあるのか知っている人、もしくは、それを創る知識を持っている人が、あなたにエネルギー場でコンタクトを取ってきます。そして、お互いの了解ができれば、それが何らかの形であなたの前に現れるか、もしくは、アイディアとしてあなたに伝わってくるのです。

こうして、あなたの思考エネルギーは、磁石のように欲しいものを吸い寄せるのです。

そして、磁石に良いとか悪いとかの判断がないように、
思考エネルギーにも判断はありません。
あなたが思ったことが、すべて現実になる、ということです。
もし、あなたが今、なにかイヤな現実を見ているとしても、

それは、**あなたの思考エネルギーが、**

その現実を引き寄せた・・・ということになります。

ならば、**あなたの思考エネルギーを変えれば、**

あなたの現実は変わるのです。

あなたが、どうなりたいのか、何が欲しいのか・・・、

しっかりと決めて、その方向へエネルギーを放射すればいいということになります。

一番を選ぶ、妥協しない

さて、サロン開業にあたって、私は引っ越さなきゃいけなくなりました。

引っ越しの理由はいろいろあったんですが、一番大きかったのは、予定していたサロンの営業時間が深夜までだったので、閉店してからでは終電に間に合わないし、子どものこともあったし・・・だから、サロンの準備と一緒に引っ越しの準備もしていました。

サロンの近く、徒歩圏内で探していました。

すぐに見つかるだろうと高をくくっていましたが、ひとつ大事なことを忘れていました。

私、犬を飼っていたんです。それがネックでどこも貸してくれない。

どんなに探しても、犬を飼っている時点でアウトなんです。

犬っていっても小さなチワワだし、無駄吠えもしないし、トイレもちゃんとできる。

なんの問題もないのに、どこの不動産屋さんに行っても断られました。

サロンの近くでと考えていたけど、これはもう電車に乗って次の駅とかに範囲を広げなければダメかな。それとも、犬を実家にお願いするしかないかな――――。

実家の母に電話して、「犬を預かってもらえないか」と頼みました。

一応ＯＫの返事はもらいましたが、それは、最後の最後、苦渋の選択です。

二、三駅先まで家を探しましたが、終電の問題もあるので、自転車で通える距離のところ、というとまた範囲が狭められ、犬の問題も絡んでほとんどありませんでした。

でも、その中でマンションの一室だけ見つかったんです。

隣の駅だから何とか自転車で通える距離。それでも自転車で二十分くらいはかかる。

そこしかないから見学に行きました。

条件的に、この物件しかないんです。それはよくわかっています。でも・・・でも、どうしても気に入らない。そんなことを言っている場合じゃないんです。どうしても決められなくて、「明日まで返事を待ってください」と言って帰ってきました。

「どうしよう、さくやさん」

気がついたら口に出していました。答えてくれないのは、わかってたんですが。


「気に入らないんでしょ？　じゃあ、やめればいいじゃない」


久しぶりにさくやさんと話ができる嬉しさ！・・・よりも・・・。

「そんなこと言ってたら、住む家がなくて路上で生活しなきゃいけなくなるじゃないのよ。この家しかないじゃないの～」って文句言っちゃいました。


「だって、気に入らないんでしょ？　じゃ、やめるしかないわよねぇ。そこで妥協したり、我慢すると、我慢しなきゃいけない回路が開いて、もっと妥協、我慢しなきゃいけない現実を創りだすわよ。気に入ったところが出てくるまで待てば？」

「我慢の回路？　何それ？　意味がわからない・・・」

こうして、また、さくやさんとの禅問答のような会話が始まりました。

で、結局、その家はどうなったかと言うと――――。

意味はわからないけど、我慢の回路とやらが開くのはイヤだったんで、断ろうと決心して電話しようとした、そのとき――――不動産屋さんから「他の人に決まった」という電話がきて、立ち消えになりました。

自分で断ろうと思っていたのに、向こうから断られるとなんだか悔しい。

終わったぁ。また、振り出しに戻りました。

ここで、また、さくやさんのひとこと・・・、

「妥協はダメよ～、自分の一番だと思うものだけを選んでいきなさい。大丈夫だから。必要なものは必ず手に入るから。諦めないのよ」

って、言われてもねぇ、もう湘南台の物件はすべて見て回ったし、手の打ちようがないでしょう・・・？　言い返す声も小さく消え入りそうでした。

もう破れかぶれで、不動産屋さんに電話をかけまくりました。

同じ物件が、違う不動産屋さんにも出ているので、A不動産がダメでもB不動産はいいかもしれないって思って電話しまくりましたが、不動産屋さんは違っても、物件の大家さんは同じ方なんですよね。大家さんがダメって言ってたら、どこの不動産屋さんでもダメですよね。

あるとき、フッと目についた物件があったんです。

でも、この物件はダメだろうな、明らかに無理だなってわかってたんですけど、でも、どうしてかわからないけど、とにかくその不動産屋さんに電話しなければいけない気がして、ダメもとで電話してみました。とにかく当たって砕けろ。砕けたら・・・砕けるだけだよねぇ。もう最後、ここがダメなら、私はどうなるんだろう——悲愴な気持ちで最後の電話をかけました。・・・やっぱりダメ。

若い女性のスタッフの方が申し訳なさそうに謝ってくださるので、ついつい私も弱音を吐いて愚痴を言ってしまいました。「小さな犬だし、無駄吠えしないし、何もいたずらもしないのに、どうして犬を飼っているだけで、こんなに断られるんでしょうね・・・」って。

そしたら、そのスタッフの方が、「何を飼っていらっしゃるんですか?」って言うから、「チワワです。一匹だけ。女の子なんですけど」って言った途端、急にスタッフの方が「私もチワワを四匹飼っています。チワワのおとなしさ、賢さは私が知っています。ちょっとだけ、待っていてください、なんとかしてみます」って言ってくれて、電話を切りました。

何が起きたのかわからないまま、電話の前で待つこと二十分。

その方から電話がかかってきて、一軒、もしかしたら大家さんがOKしてくれるかもしれないところがありますが、どうしますか? って(驚)。

もちろん即答で「お願いします」って言いましたよ。

早速、その物件を見に連れていってもらったら、なんと、私が一番良いなって思っていたところだったんです(驚)。

サロンから近いし、環境も良いし、広さも良いし、ここが良いと思って、何度も他の不動産屋さんに「なんとかなりませんか？」って聞いた物件だったんです。

でも、どこに聞いても、「大家さんがペット不可だという条件を出していらっしゃるので」と断られていたところだったんです。


スタッフの方にご尽力いただいて、大家さんから「条件付きで」とOKを頂きました。

条件というのは、フローリングを傷つけないためにカーペットを敷くこと、そして、リビングだけで飼うこと、というものでした。難しい条件ではなかったので、すぐにこちらも承諾し、めでたく契約成立となったのです。

スタッフの方、本当にありがとうございました。心から感謝しています。

もう、奇跡としか思えない展開でした。

「ね、大丈夫だったでしょ（笑）」

「ありがとう、さくやさん！」、感謝、感謝です。

「最初からずっと言い続けているけど、思考はエネルギーなの。だから、考えたことが現実になる。そして、我慢すると、我慢する思考が、我慢しなければいけない現実を引き寄せる。これはわかるわよね？

だから、我慢をしたり妥協をすると、ずっと我慢したり妥協しなければいけないことになってくるわけ。

ね？　妥協しないで、欲しい現実を待っていたら出てきたでしょ？


あなたが欲しいものはエネルギー場で引き寄せるんだから、あなたが頭で考えているようなところから出てこないのよねぇ、これが。びっくりするようなところから、欲しいものが出てくるから、安心して待っていればいいってことよ。

でも、ここで間違えないでほしいのは、ただ待っていてもダメなのよね。

欲しいものは妥協しないで、欲しいと思っていればいいんだけど、行動しなければ何も起きないってこと。

思考で引き寄せたものは、その次は行動して現実に持ってこなければいけない。二階にある物を一階に持ってきたければ、二階に取りにいかなきゃダメだわよね。それと同じこと。二階から降りてこ～い、降りてこ～いっていくら思っていても、勝手に降りてはこない。実際に取りにいかないとね。わかるでしょ？

じゃあ、どうやってエネルギー場で引き寄せたものを現実に持ってこられるのかってことになるけど――――それには、閃きとか直感と言われているものに素直になることね。

閃きとか直感って、エネルギー場からの『引き寄せたよ～』っていうガイドの声だから、それを聞いたら、その閃き、直感を行動に移せばいいだけのこと。

でも、閃きや直感って頭では理解できないし、つまらない小さなことだと見過ごしがちだけど、これを見過ごしちゃったら、現実に持ってこられなくなってしまう。

それほど大切なこと！　フッと物件が目についた・・・というのが閃き！

そして、ダメだってわかっていても、なんとなく電話しなくちゃいけないような気がするっていうのが、直感ね。

エネルギー場で、あなたの欲しいと思っている現実（この場合、引っ越し先）を探してくれる不動産屋さんのスタッフの人を引き寄せた。引き寄せたよ〜っていう合図がフッと見た物件と、電話しなきゃって思う直感。これに素直に従ったから、引き寄せたスタッフの人と出会うことができて、引っ越し先を見つけることができた。

そして、ここがまたとても大切なんだけどね。よ〜く聞いてよ。

閃きや直感が来たら、すぐに行動すること！

引き寄せには、タイミングがとても大切なの。
あとでって思っていたら、タイミングを逃してしまうことになるの。

あのとき、すぐに電話をしないで、あとで電話をしていたら、そのスタッフの人じゃなくて違う人が電話に出るかもしれない。そしたら、チワワマジックは発動しなかったでしょ。それに、もしそのスタッフの人が電話に出たとしても、忙しくてあなたの話を聞いてくれなかったかもしれないでしょ。すべてにタイミングがあるの。

それは、直感が教えてくれる。だから心配しないで直感に従っていればいいの。


それからね・・・妥協はしないでね。

あなたの一番だと思っているものを欲しがるようにしてちょうだい。

わかる？

あなたにとって一番欲しいと思うものよ。二番でも三番でもない。

一番を欲しがってね。

あなたたちは小さなころから、教育という名のもとに、セルフイメージをものすごく低いものにされてしまっているのね。

学校教育（幼稚園、保育園から始まって）で、常に競争ばかりさせられてきている。

競争ってね、セルフイメージをものすごく低くするの。すべての競争に勝てる人なんていないでしょ？　算数は、他の人よりできるけど、国語は、ダメっていうのが当たり前でしょ？　得意な教科があれば、苦手な教科もある。勉強はできても、スポーツは苦手ってこともあるわよね。走るのは速いけど、絵は上手に描けない。背が高いの低いの、痩せているの太っているの、家の手伝いをするのしないの——大きなことから小さなことまで、すべて誰かと比べられて、競争させられてきている。すべてに完璧にできる人なんていないんだから、自分は劣っているって感情が、どこかに必ず芽生えるわよね。

そして、教師も親も良いところは見ないで（できることは当たり前として）、できないことばかりを見つけて、『あなたはダメだ、ダメだ』って言い続ける。次第に、あなたは自分自身をダメな人だと認識するようになって、自分を嫌いになっていくのね。自分に対するイメージが、とても低いものになってしまっているの。だから、何かを手にしたい、欲しいと思っても、一番を選べなくなってしまう。

こんなダメな自分には、一番を選ぶ資格なんてない・・・ってね。

だから本当に欲しいものは諦めて、二番、三番を選ぶようになる。そのほうがなんとなく落ち着くような気さえしてくる。こんなダメな自分には、二番、三番がふさわしいんだからってね。なんて情けない。ダメな人なんて、この宇宙じゅう探してもいないのに。

みんな、宇宙にひとりしかいない、素晴らしい個性なのに・・・。

これは、ちょっと話がずれるけどね。パートナーができないって思っている人も、同じところにはまっていることが多いわね。好きな人がいる。

でも、こんな自分を好きになってくれるわけがないって諦めてしまう。

もし、その好きな人が自分のことを「好きだ」と言ってくれたとしたら、その途端にその人がイヤになる。だって、こんな小さくて価値のない自分を好きになる人は、同じように小さくて価値のない人に決まっている、もしくは、何か魂胆でもあるのよ、騙されちゃダメよって、思ってしまうから、イヤになってしまう――。

ホント、バカみたいね。自分を好きになれない人、自分を大切にできない人は誰のことも好きになれないし、信用できないし、大切にできないのよ。

そして、とても失礼なことに、自分にとって一番じゃない人を選んでしまう。自分には、この程度の人が似合っているんだから、我慢しなきゃねって——どれだけ失礼なことをしているのかわからないのよね。そして、そんな失礼な思考で付き合うと、相手にもそれがわかる。付き合いもうまくいくわけないわよね。

そして、パートナーができない、見つからないって嘆いている。

素敵な、自分にとって一番好きで大切に思えるパートナーが欲しかったら、

まず自分のことを好きになって、大切に思えるようになってちょうだい・・・。

そしたら、とても素敵なパートナーを引き寄せることができるから。

お金に関してもそう。こんな価値のない自分に、お金がたくさん入ってくるわけがないって思ってしまっているから、入ってこなくなるの。

物を買うときでも、欲しいものがあっても、これは私ごときには似合わない、もっと価値のある人が持つものだから、私はこの安いほうでいいわっていう思考が、安いものしか買えない現実を引き寄せるってこと。

自分には、自分が一番欲しいと思っているものを持つ（買う）価値があると本気で思えるようになれば、一番欲しいものばかりに囲まれている現実が現れるの。

でも、ここで間違えないでほしいのは、

あなたにとって、今、一番だと思えるものを欲しがってちょうだい・・・ってことよ。

マスコミなどで囃し立てているから、流行のものだからという理由ではないということをわかってね。どんなに流行で格好よくても、心からそれが必要だと思わなければ、それは現実化しないってことなの。素晴らしい豪邸や大きな車が欲しいと頭で望んでいても、心がそれを必要としていなければ、それは引き寄せられないの。

だって、あなたの心はそれを欲しがっていないから、エネルギー場で引き寄せることはできないの。

エネルギー場を動かすことができるのは、あなたの頭ではなく、心からの希望だから。

でも、どれが頭の希望か、心の希望かわからなくなるときがあるわよね？

そういうときは、その希望がかなったときのことをイメージしてみれば、すぐにわかるわ。

そのイメージが明るくてワクワクして、そして、その希望がかなったときのイメージがありありと浮かんできて、そのイメージの中で楽しく遊べるかどうかで判断してみたらいいわね。

頭で希望しているときは、イメージしようと思っても、ありありとイメージできないし、すぐに飽きてしまうから――。

長い間、そのイメージで遊べないってときは、心からの希望じゃないってことが多いわ。

それも、セルフイメージ（自分に対する価値観）が上がってくれば、すぐにわかるようになるし、セルフイメージが高くなってくると、そんなにやたらめったら欲しくなくなるからね。


どうしてあなたたちが、そんなに物が欲しくなるのかっていうと、自分はダメだと思ってるからなのよね。自分自身を低く見ているから、何か持っているもので自分を認めてもらおうとする心理が働くからなの。

自分ではなく、物で自分の価値を上げようとするから、躍起になって、人より少しでも大きな家に住もうとしたり、高級車に乗ろうとしたり、大きな宝石を身に着けようとするの。

自分に自信があったら――自分で自分の価値を認め、自分自身を愛し、大切にできるようになれば、そんな外側で価値を表明しようとは思わなくなるわ。
自信がないから、自分を愛していないから、外側で勝負しようとするの。
自分に自信があれば、誰かと比べたり、勝負しようなんてまったく思わなくなる。
そうすると、すごく楽に生きていけるようになるでしょ。

本当に心から必要だと思うものだけを欲しいと思うようになるから、エネルギー場を動かしやすくなって、引き寄せることが簡単にできるようになる。そして、閃きや直感も受け取りやすくなるから、現実化が簡単に早くできるようになるってこと！
長くなっちゃったけど・・・とにかく、

一番を選ぶ、妥協しない

セルフイメージを高めて、
一番欲しいものだけを素直に欲しがること・・・。
引き寄せには、これがとても大切！

セルフイメージを高めるには、できないダメな自分を見るんじゃなくて、できる素晴らしい自分を見て、そして、自分を褒めまくることね。

人は関係ないの。人がどう思おうと、それはその人の勝手。

あなたが、自分ってすごいって思っていれば、それでいいの（笑）。


自分で、自分を褒める。

これが、セルフイメージを高く戻す一番の方法よ」

今、困ってないでしょ

おかげさまで引っ越しも終わり、サロンも開業にこぎつけることができました。

これでもう大丈夫って安心したのもつかの間――サロンにお客様が・・・来ない。
笑っちゃうくらい、来ない、来ない。いらしても、一日に一人、二人・・・。
ひどいときは三日間、誰も来ないときもありました（笑）。

いや、笑ってる場合じゃなくて、お借りした（投資してもらった）運転資金も持ち出し、
持ち出しで、どんどんなくなっていく。
もちろん、できる限り、思いつく限りのことはしました。チラシを撒いたり、宣伝をしたり――でも効果はそんなになく、経費ばかりが出ていくありさま。
不安で不安で、毎日、どうしよう、どうしよう・・・それしか頭にありません。

何をしてても、どうしよう、どうしよう・・・これはっかりでした。

そして、またしても、さくやさ～ん。

「今、なにも困ってないでしょ?」

「イヤイヤ、めっちゃ困ってますって。このままじゃ、お金なくなっちゃうじゃない」

「でも、今、何も困ってないでしょ?」

「イヤだから困ってますってば～」

「今、困ってる?　今、この瞬間、何を困ってるの?」

「いや、今は、困っていません。今はまだ・・・特に何も困ってないかな?」

「じゃあ、いいじゃないの」

「でも、このままじゃ、すぐに困ることになるでしょ？　支払いは、待ってくれないし、」

「それは、今じゃないでしょ？　それに、そうなるかどうかはわからないでしょ？　今、困ってなければ困ってないんだから、今、困ってないときを楽しめばいいんじゃないの？」

「またわからないことを言ってるよ～（汗）」

「今、なにしたいの？　どんな方向を目指してるの？」

「う～～んっとね、お客様がたくさん来てくれるサロン。それも全国からお客様が来てくれるサロンにしたい」

「じゃ、今、楽しいと思うこと、したいと思うことをしてれば？」

「意味がわからない・・・」

楽しいこと、好きなこと、やりたいこと。
なにか閃いたら、とにかくやってみることにしましたが。

サロンは、レイキソフト整体のお店です。
レイキソフト整体のお客様に来ていただけるように、やりたいこと、できることを探していたのに――――レイキソフト整体とはまったく関係のないことがしたくなるのです。
ちょっと待った、それは、サロンの営業とは関係ないよね。職種が違うじゃない、そんなところにまで手を出したら、なんのサロンかわからなくなっちゃうよって、思いましたが、
でも、やりたい！

「やりたければ、やればいいじゃないの？　何もひとつに決める必要はないんだから。やりたいこと、楽しいことをしてれば　何かまた次に出てくるから」

う〜、私がしたいことはなんなんだろう？　それもわからなくなってきたぁ〜。

「わからないことはいくら考えてもわからないんだから、考えなくていいのよ。ただ単純に、やりたいと思うことをやっていればいいの」

だから、さくやさん・・・やりたいことやってたら、サロン、空中分解しちゃうよ。

しかし、ヒマなので何かするしかない。この際、レイキソフト整体にこだわっている場合じゃない。でも、やりたいことはあるけど、それがサロンのメニューとして、お客様に提供できるものになるとは到底思えない。

そのとき、私はエネルギーワークにばかり興味を持っていたんです。

昔から不思議なことや目に見えない存在たちのこととか大好きで、それがどんなものなのか知りたくて仕方がなかったのです。

そのころ、ビジネススクールでお世話になった先生のところで、エネルギーワークを習っていました。その先生が開催していたワークショップにも、スタッフとして参加させていただいたりしていたんです。でも、これは私の趣味のようなもので、とても仕事になるわけがないと思っていました。

レイキもエネルギーワークのひとつなんですが、ある程度認知されてきたレイキでさえ、まだ「怪しい」とか「宗教だ」とか言われている段階で、波動エネルギーによるヒーリングや浄化――なんて言っても誰も見向きもしてくれない。それどころか、怪しい店と思われて本当につぶれちゃう・・・。

「何事も無駄なことなんてないのよ。あなたが、やりたいと思うことは、何か理由があってのことなの。それが、今はわからないだけ。いつか必ず、わかるときが来るから、今はいろいろ考えないで、やりたいと思うことをやっていればいいの」

「でも、お金が・・・」

「今、困ってないでしょ？」

「今日は困ってないけど、支払いが――手持ちのお金もなくなってきたし」

「でも、今、このとき、何も困ってないでしょ？」

ループの会話です。

さくやさんの言葉に従って、破れかぶれでレイキソフト整体以外のメニューをサロンに出すことにしました。

今、困ってないでしょ

エネルギーワーク――波動エネルギーを使っての浄化、浄霊、ヒーリングです。浄霊などとは、メニューには書けなかったので、スピリチュアルカウンセリングとしました。一応メニューの中には入れましたが、浄霊のお客様が来るとは思っていませんでした。案の定誰も来ません。

「ほらぁ、誰も来ないじゃないの・・・はぁ～、どうしよう」

「タイミングよ、タイミング。物事には、ちゃんと適したタイミングがあるんだから、それを待ってればいいの。そして、もっと楽しみなさいよ。ダメでしょ、ダメでしょ、って思ってたら、ダメでしょの回路が開いて、本当にダメでしょになっちゃうわよ」

「ダメでしょの回路って――さくやさん、ますます、意味がわからなくなってきたんですけど」

「とにかく、したいことをしてなさいってば。楽しいと思えることしてなさいって！」

そう言われても、ねぇ。

「とにかく、今、困ってないでしょ？
未来も過去も関係ない。あるのは〝今　このとき〟だけ。
〝今、このとき〟に何を考えているかで、次の〝今、このとき〟が決まってくるのよ。
わかる？　今、楽しければ、次も楽しい今がくるの。
今、心配していれば、次も心配している現実を創ってしまうわ。
これが、波動の法則。これが、引き寄せの法則。

未来は、今、何を考えているか――。

その考えている思考のエネルギーが創りだしていくものなのよね。

だから、決まった未来なんて存在しない。

過去の経験でこうだったから次もこうなる、なんて考え方はまったくのナンセンス。過去の経験なんて、未来にはまったく関係ないってこと。過去の経験を、そうなんだってあなたが受け入れて、そうなるって思考するから、そうなっていくだけ。これも、あなたがそうだって思考したからそうなったってことよね。

だから過去の経験なんて関係なくて、どうしたいかって考えることで、未来はまったく変わっていくの。未来を変えるのは、今あなたが何を考えているかってことだけ。在りもしない未来を心配ばかりしていたら、今心配している思考のエネルギーが　次も心配している次の今を創りだしてそれが今の次の今――すなわち、未来を創りだす。これが心配の回路を開くってこと。

たとえばね、ちょっと、違う形の話になっちゃうけど・・・。

上司に残業を頼まれたとするでしょ。あなたは早く帰りたいのに、上司に言われたから仕方なしにちょっと我慢して、上司に頼まれた仕事をするとするわよね。

そしたら、その上司は、あなたには残業を頼んでもいい、と思ってしまう。

だから、次にも残業を頼むとしたら、あなたに頼もうっていう思考回路ができあがるの。・・・で、またあなたに残業を頼むわ。そのときも、またあなたがその依頼をイヤイヤながらも我慢して受けたとしたら、次は残業が当たり前のような雰囲気になってきてしまって、いつでも残業をしなければいけなくなる。これが我慢の回路を開くってこと。


もし、あなたが我慢しないで最初にはっきりと断れば、上司は次はあなたに頼みにくくなって頼まなくなるでしょ。そしたら、あなたは残業しなくてよくなるのよ。

何回か断れば、もう二度と残業は頼まれなくなるわ。


断り続けたら、上司との関係がまずくなって仕事しにくくなる、とかの計算が働いて、ちょっとだけ我慢すれば関係はうまくいく――なんて考えて我慢するから、もっと我慢しなくちゃいけないことになるの。

あなたが態度をはっきりとさせれば、あなたはそういう人だ、というふうに認識されるから、誰もあなたに残業を頼まなくなるし、それでいい、となるの。曖昧な態度をとっていると、いつまでも我慢を強いられるようになるのよ。はっきりとした態度をとる人に、誰も何も言えなくなって、それがあなただと認識されれば、それでOKになっていくの。わかる？

ネコになっちゃえばいいの。突き抜けちゃえばいいの。ネコって、気ままでイヤなことは絶対しないし、気分が悪ければ平気で人のことをひっかくし、気分が良ければすり寄ってくる。まったく、理解できない生き物だと思ってるでしょ。でも、誰も怒らない。だって、ネコってそんなものだとみんなが認識しているから・・・。何をされても、ネコだから仕方ないよねって言うよね。それと同じになっちゃえば、誰もあなたに言わなくなるから（笑）、突き抜けちゃえばいいってこと。

どんなに小さなことでも、イヤなことはイヤだってはっきりと言う。これが、我慢の回路を開かないコツね。

話はずいぶんそれちゃったけど（笑）。

だから、今考えていることが、次の今を創るってことがわかってもらえたでしょ。

次の今も心配していたら、また心配する次の今を創る・・・。

それが続いていけば、ずっと心配している現実を創り続けるってわけ。

そのループから抜け出したかったら、今を心配しないで、
今できることを楽しんでいればいい・・・でしょ。

今できること、したいことを楽しんでいれば、次も今できること、したいことを楽しんでいる現実になるわ。そしたら、ずっと楽しんでいる現実を創り続けることができるってわけ。

だから〝今〟なのよ・・・〝今〟。

それからね、

あなたが思っていることを引き寄せる、ってことも忘れないでね。

エネルギーワークを怪しいと思われるんじゃないかって思うことは、あなた自身がそう思っているってこと。だから、そう思っている人たちを引き寄せてくる・・・ってことなのよ。怪しいと思う人たちが来る。怪しいと思うから、人が来なくなるの。

堂々と『エネルギワークしています』って宣言すればいいじゃない。

そしたら、あなたのその堂々とした態度（エネルギー）を感じて、怪しいと思わない人たち、興味を持つ人たちを引き寄せることになるの。

あなたが、ダメだと思ってたらダメだと思わせてくれる人を引き寄せるってことよね。

お客さんが来ないという、ダメだと思わせられる状況を引き寄せるってこと。

だから、お客さんに来てほしいと思うのならば、あなたが楽しんでいればいいの。

みんな楽しいのが好きなんだから、楽しいエネルギーを出している人のところに集まってくるの。

あなたもそうでしょ？　ムスッとして、怒りのエネルギーをプンプン出している人や、暗くていつも心配ばかりしてる人や、ブツブツ文句ばっかり言っている人のそばには、近づきたくないでしょ？

反対に、笑っている人を見れば、何？　何？　何がそんなに楽しいの？　って、興味を持つでしょ？　笑っている人のそばに行くと、理由はわからないけど、なんだか自分まで楽しくなって笑顔になる――って経験したことあるでしょ？

これが、波動の共振。波動は、共振するの。

人に来てもらいたいって思ったら、あなたが楽しんでいればいいの。あなたが楽しんでいれば、楽しいエネルギーが放射されるから、それを感じて人は集まってくる。だから、まだ来てもいない未来を心配して、暗～いエネルギーを放射しないことね。

それから、私があなたに『今、なにしたいの？　どんな方向を目指してるの？』って聞いたとき『う〜んっとね、お客様がたくさん来てくれるサロン、それも全国からお客様が来てくれるサロンにしたい』って答えたでしょ。

あなたは、レイキソフト整体のサロンをしたいって言わなかったよね。

お客様がたくさん来てくれるサロンにしたいって答えたわよね。

だったら、何もレイキソフト整体にこだわる必要ないんじゃないの？

レイキソフト整体のサロンなんだから、それ以外はダメ、なんて制限する必要はないでしょ？　やりたいこと、興味のあること、なんでもやってみればいいの。

アイディアが閃いたら、とにかく分野などなんにも考えなくていいんだから、やりたいようにやってみればいい。

そこから、何かヒントが出てくるんだから。レイキソフト整体のサロンにこだわらないで、全国からたくさんのお客さんが来てくれるサロンにしたいっていうことにフォーカスしておけばいいの。

目標を立てたら、あとはピースを集めていけばいいのよ。

閃いたこと、出てきたアイディア、興味が湧いたこと、楽しそうって思ったこと・・・。

なんでもいいからとにかくやってみることね。

これが、何の意味があるかわからない、何の役に立つのかわからないって思っていても、
ピースがたくさん集まってきたら、気がつけばそれが組み合わされて一枚の絵になるから。

だから、やっているときはわからなくても大丈夫。

それは、絵を完成させるためのピースだから。

しっかりと方向性だけを定めていたら大丈夫。無駄なことなんて何もないんだからね。


とにかく、今の思考が、次の現実を創るってこと。

そして、実際にやりたいことをやっていくってこと。」

タイミングよ、タイミング

サロンにお客様が来なくて悩み、新しいエネルギーワークのメニューを作っていたころ、さくやさんとは別の人の声も聞こえるようになってました。

そのときは、それが誰かわかりませんでした。でも、さくやさんは何も言わないし、変な感じもしないし、大丈夫かなって思ってお話ししていました。

まだ、さくやさんほどたくさんお話しはしていませんでしたが・・・。

そんなある日、娘が突然、私に「それってアシュタールじゃない？」って！

何日か前から娘と誰だろうね？　って話をしていたんです。

娘は、インターネットのチャネリングサイトをいろいろ調べてくれて、メッセージを送ってくれている宇宙人たちの情報を集めてくれていたんです。

その中から、アシュタールという名前を見つけたのでした。

え？　アシュタールって誰？　初めて聞く名前でした。

で、〝声〟の主に、あなたは、アシュタールですか？　って聞いたら、

「私には名前はありません。名前は、必要ないのです。でも、呼び名に困るのでしたら、アシュタールと呼んでいただいてもいいですよ」って答えが返ってきましたので、アシュタールと呼ぶことにしました。

アシュタールはさくやさんと同じく宇宙人だそうです。

さくやさんと同じく、いわゆる身体を持った宇宙人ではなく、目には見えない次元から、テレパシーで話しかけてくれているそうです。さくやさんが、五年生ならば、アシュタールは大学生くらいの感じかな？　とにかく、私たちの知らないことをよく知っているんです。

まぁ、教えてくれる情報はぶっ飛んだものばかりで、意味がわからないことばかりですが、でも、さくやさんと同じで、教えてくれたことをやっていれば（聞けば、です。アシュタールもさくやさんも、質問しないと何も教えてくれません）、なんだかうまくいくので、

とりあえず教えてくれたことはやってみることにしました。

こうして、二人の宇宙人と話をすることになりました（笑）。

二人の宇宙人から聞く話――面白いんです。
昔から不思議な話やとんでもない話とかが大好きだった私は、二人の話が面白くて仕方がない。いろんな質問をすると、びっくりするような答えを返してくれる。こんな面白い情報を私ひとりで抱えていてはもったいない、と思い、ブログを始めることにしました。

アシュタールもブログに、波動のことや、思考が現実化することや、どうすればもっと地球人が自由に生きていけるかの情報を、メッセージにして伝えたいと言ってくれました。

ブログをやって、初めてわかったんですけど・・・楽しい！

私、書くことが好きだったんですねぇ。いやぁ、わからないものです。

そして、ブログを自分の楽しみで書き始めると、環境が変わってきました。今までほとんど来なかったお客様が、ぼちぼちですが、いらしてくださるようになったんです。

アシュタールやさくやさんが教えてくれる、こんなに面白い情報をもっと知ってもらいたい、と強く思うようになりました。

そこで、ワークショップというものを始めることにしたんです。

最初のころに、少し試したことはあったんですけど、ほとんど、誰も来ませんでした。今回もまたダメかもしれないって思ったけれども、私たちがやりたかったから・・・。ただそれだけの理由で、もう一度やってみることにしたんです。

そしたら、びっくり！　すぐに満席。んじゃ、もう一度やってみようか、ってことでもう一度、打ちだしたら、またすぐに満席。どうなってるの、さくやさ～ん？


「だから、タイミングだって言ったでしょう？　物事にはタイミングがあるの。そして、すべては必然で、無駄なことなど何もないってこと！」

「ですよね、さくやさん・・・」

ということで、今、何も困ることなく生きています。
・・・というか、欲しいもの、必要なものは、必ず手に入ると確信しています。
だから、私たちは今とても幸せです。


サロンを開いた当初、お客さまが来ないヒマなときから、なんの根拠もなく思っていた、全国からお客さまが来てくれるサロンにしたい、という願いも現実となっています。

思ったことが現実になる。これを私たちは、今、確信しています。

月に一回くらい、どこか旅行に行きたいなぁ、な~んて考えていたんですが、それも月一回、地方でワークショップをするという企画でかなえられました。


そして、今私たちはまた次のことを考えています。

今の、このキュウキュウとした狭く世知辛い縦型の社会から、みんなが平等で横につながった社会にしていきたい、と強く思っています。そのためにも、たくさんの方にアシュタールやさくやさんのメッセージをお伝えしたい。

そのためには何をすればいいのか――――考えました。

ブログでは、これ以上広めていくのはなかなか難しい。じゃあ、どうしよう？

って思っていたら、本を出せばいいんじゃない？　ってことになりました。

もちろん出版社に何の伝手もありません。

どうやったら本を出せるのか。まったく情報もありません。いつもの閃きだけ。

あつしさんなんて言うに事欠いて、「直木賞にでも応募するか」な～ンてバカなことを言ってました。直木賞に応募しても、まったくの素人が――――まともに文章も書いたことがない人間が、審査員の目に留まるわけないでしょうが。でも、あつしさんは「やってみなきゃわからない」って言い張っていました。「なら早く書いてよ」「イヤ、まだ考察中だから・・・」「いつ、考察が終わるの？」なんて不毛な会話をしていました。手も足も出ない状況の中、ただ本を出したい、それだけを思っていたんです。（そもそも直木賞って公募じゃなかった）

考え始めてから一年くらいたったある日。突然、情報が目に入ったんです！

本を出版するために私たちでもできるかな？　と思える情報が！

本の企画を募集している会社で、企画を出すと選考委員に読んでもらえる。

その選考委員の目に留まり推薦されると、その会社から企画メールが一斉に出版社に送られる。そして、一社でも手を挙げてくれたら、出版できる・・・かも？　という流れ。

すごい！　でも、できるのかなぁって、ちょっと不安はありました。

でも、そこは、あとさき考えずに突っ走る、あつしさんの「やってみよう！」というひとことで、決まりました〜（笑）。

そこから頭をひねり、書き散らかし、なんとか本の企画を練り上げ、提出した次第です。


しばらくして選考委員に推薦され出版社に送られることになったとの連絡がありました。

そしてその企画が出版社に送られた。その三時間後に出版社の方が、手を挙げてくださったんです。


その何日か後に、出版社の方にお会いすることができ、本を出版できるところまで行きつきました。・・・が、六か月間、頭をひねり、練り上げた企画は・・・。

なんと・・・全没（爆笑）。

出した企画とまったく違うテーマで、本を出すことになったのです。

すべて書き直し、というか――ゼロから書き始めました。

でも、私たちの願いは本を出すことでしたから、別にテーマが変わっても、企画が没になっても構わなかったんです。

そうして、おかげさまで、この本「３０００倍、引き寄せる。」ができあがったのです。

アシュタールからのメッセージ

あなたのいる波動エネルギーの領域では、時間がかかります。

波動エネルギーは、波です。
波長とも表現できます。
波長には、長短があります。
短い波長は軽く、伝わるのがとても速いです。
反対に、長い波長は重く、伝わるのが遅いのです。

たとえば、水とゼリーのような物質があるとします。
水に石を入れたら、水の表面に起きた波は速く動いて伝わっていきますが、
ゼリー状の物質に石を落としても、はっきりとした波は立たず、

そして、その振動が伝わるのも遅いですね。
それと同じようなものだと思ってください。

あなたの今いる波動領域は、ゼリーに近いと思ってください。
ですから、伝わるのが遅く、思考のエネルギーが現実化するのにも時間がかかります。

でも、遅いだけで、しっかりとあなたの思考エネルギーは、現実化の方向へ向けて動いているのです。

でも、あなたは、「どんなに思っても現実化しないことが多いのよね」って言いますが、
それは、あなたが、あなたの思考エネルギーをキャンセルしてしまっているからです。
こうしたい、これが欲しいと思い、思考エネルギーを放射しても、
「すぐにそれが現実化しないから」と言って、
別の方向へ思考エネルギーを変えてしまうからなんです。

自分が大きな客船の船長だ、とイメージしてください。
大きな船ですので　動くのにとても大きなパワーと時間が必要になります。
あなたが、右に船の操縦桿を回したとしても、
船自体が右に動き出すには時間がかかります。
そして、ゆっくりとゆっくりと、船は右へ方向を変えていくのですが・・・。
乗っているあなたは、船が右へ方向を変えて進み始めたことに気がつかないのです。
何か目印があればいいのですが、海の上ですので、どこを見ても同じ景色に見えて、
本当に船が右に進んでいるのか、不安になってきます。

そして、待ちきれずに、不安から今度は左へ操縦桿を動かすということをしてしまいます。

船は何も判断しませんから、右に操縦桿を回せば、右へ方向転換し、
左へ操縦桿を回せば左へ方向転換します。

ですから、右へ進んでいた船も、今度は左へ方向を変えることになります。

ゆっくりゆっくり、左へ方向を変え、左のほうへ進み始めるのです。

そこでまた、あなたは本当に船が進んでいるのか不安になり、
右へ回し、また左へ回すという暴挙に出てしまうわけです。

船は、ただ右へ進んだり左へ進んだりと、あなたが思う方向へ行くだけですので、
あなたが操縦桿をあっちこっちに回せば、船もあっちこっちに動いてしまい、
結局、どこにも行きつかなくなってしまう・・・。
これが、あなたが思考しても現実化しない大きな原因なのです。

ですから、右に行きたいと思い操縦桿を回せば、
あとは船を信じて、待っていればいいのです。

なにかしたい、何か欲しいと思ったら、
それがもうすでにできたと思い、
あとは信じて待っていてください。

そのことは忘れて、違うことを楽しんでいてください。

そうすれば、あなた自身が邪魔をしないので、
着実にあなたの思考は現実化していきます。

タイミングというのは、タイミングです（笑）。
たとえば、みかんの木を植えたとします。
植えたからといって、すぐに実は収穫できないのはわかりますね？
まず、幼い木が育つのを待たなければいけません。
木が育ち、幹が太くなり、そして、初めて実がつくのです。
木は、それぞれの個性を持っています。
みんなが同じ育ち方をするわけではありません。
その木には、その木の育ち方があります。
その木が実をつけるのには、その木なりの順番があるのです。

その順番が、タイミングです。

木が育ち、実をつけるだけの体力ができるまで待たなければ、実は収穫できません。

早い木もあれば、ゆっくりの木もあります。

それをゆったりとした気持ちで、その木の一番良いときを待つことが大切です。

一番良いタイミングで、木は、みかんを実らせるのです。

こうして一番良いタイミングで、物事は現実化していくのです。


そのことに執着しないでください。

執着は、現実化する邪魔をします。


たとえば、植物の種を土に植えたとします。

あとは植物が育ち、芽を出すのを待つだけです。

それを植物の力を信じることができずに、本当に芽が出始めているのかどうか、土を掘り返して確かめることをすれば、植物は枯れてしまいますね。

芽を出す力がなくなってしまいます。

執着する、常にそのことばかりを考える、ということは、土を掘り返して、種をチェックしているのと同じことなのです。

とにかく信じて待ってください。


あなたは行き先を決めて（したいこと、欲しいものを決めて）、操縦桿を回し（それがもうすでにできたと思考し）、あとは船に任せておけばいいだけなのです。

そして、何か閃き、直感がきたら、それを実行していけば、気がついたら、願っていたことが現実になっています。


方向が決まったら、必ずそちらに向かっていますので、小さな出来事に振り回されないでください。

方向が大切なのです。

タイミングよ、タイミング

方向さえ決まっていれば、その途中に起きることは必要なことですので、あなたにとって悪いことだと思えることが起きてきても、そこで方向を変えるようなことはしないでくださいね。

あなたにとって、売れる本を出版する、というのが、大きな希望、方向性です。だから、企画が没になったからもうダメだと思って方向性を変えるのではなく、企画を変えればいいだけのことです。

企画が没になるということは、大きな視点で考えれば悪いことではないのです。それが必要だった、ということなのです。

船が動き出したら、あなたの、その場の良い悪いの判断はいらないのです。起きていることは、すべて必要なことなのです。

そのときに起きていることに、方向性を変えないように対処していけばいいだけです。小さな出来事でもうダメだ、と思い方向性を変えることが、あなたの希望が現実化しない原因なのです。

船に乗ることを楽しんでいれば（やりたいと思うことを楽しんでいれば）、何か障害のように感じることが起きても、必ずそれを乗り切るアイディアが浮かんできます。イヤイヤやっていたら浮かんできません。楽しんでいれば、必ず浮かんできます。

ですから、好きなことをしてください。

好きでもないことに方向性を決めると、何か起きたときにそれを楽しめなくなります。

本を出したいと思っても、文章を書くのがイヤならば、何も始まりませんね。

文章を書くのが好きだから、本を出版できるのです。文章を書くのが好きだから、企画が没になっても、また次を考えられるのです。なんでもそうです。

好きなことをしてください。

「有名になりたい」「お金がたくさんもらえるから」と言って野球選手を目指しても、野球が好きでなければ、厳しい練習に耐えられません。

身体を動かすのが嫌いな人は、どんなにスポーツ選手になりたいと思っても無理なのです。なにかを成し遂げたいと思うのであれば、　あなたの好きな分野、得意な分野で、それを目指してください。そうすれば、少々、障害が起きてきても、それさえもまた楽しめて、そしてそれが現実となっていきます。それが、現実化する基本です。

あなたが今、思い描いている夢・希望・引き寄せたい現実は
あなたの好きで得意な分野ですか？
あなたが、幸せになりたい・・・と思っている幸せは、
誰かが創り上げたイメージの幸せではなく、
あなたにとっての幸せですか？

あなたたちを支配し、コントロールする宇宙人！

私は、不思議で仕方がなかったんです。どうして、みんなまじめに一生懸命働いているのに、社会、世界はどんどん悪い方向へ進んでいくんだろうかって！

みんな、幸せに豊かになりたいって思ってるのに、楽しく平和に暮らしたいって思っているのに、世界じゅうで争いは絶えないし、貧困は広がっていくし、おかしい、おかしい、何かがおかしいって思ってました。

世界の主だったリーダーたちは、わざと戦争を起こしたい、私たちを混乱させたいと思っているんじゃないかと・・・。

アシュタールからのメッセージ

宇宙は、すべて波動でできています。

このことがわかれば、あなたは何でも引き寄せることができるのです。
好きなように、あなたの現実を創ることができるのです。

では、どうしてあなたは、誰にも波動のことを教わらなかったのでしょうか？
波動のことさえわかれば、今あなたの社会が抱えている問題はすべて解決するのです。
あなたも人生を好きなように、生きていくことができるのです。
どうして、学校で教わらなかったのでしょうか？

これからあなたにお話しすることは、
あなたの持っている知識、常識から大きく外れるものです。
きっと、すごく驚かれることだと思いますが、これからお話しすることが宇宙の真実だ、ということをお伝えしておきたいと思います。

なぜ、あなたは波動について教えられなかったのか・・・。

それは、あなたに、それを知られたくない存在がいるからです。

あなたが波動のことを知り、自由に好きな現実を引き寄せると困る存在がいるのです。

どういうことか、初めからお話しします。
私は、宇宙人です。そして、宇宙人は私たちだけではありません。
他にもたくさんの宇宙人が、宇宙には存在しています。
そして、それぞれの考えを持っています。
以前、絶対無限の存在の話をしました。
自分が誰なのか、なぜ生まれてきたのか――。
それを知りたくて、絶対無限の存在は、自分の意識をたくさんに分け、
その分身にいろんな体験をしてもらうことにしたのです。
体験することで、自分が何者であるのか、知ることができると思ったからです。

そして絶対無限の分身たちは、宇宙中に散らばり、経験をしています。
その分身たちの中で、ふたつの考え方が出てきたのです。
ひとつは、絶対無限の存在のほうへ向かう宇宙人たち。
この宇宙人たちは、絶対無限の存在を〝究極の愛〟だと思っています。
〝究極の愛〟――すべてを包み込む大きな〝愛〟だと認識しています。
〝愛〟といっても、対象のある小さな感情ではなく、
すべてに対する許容のようなものです。
ですから、そこへ戻りたいと思い、そちらに向かっているのです。
私たち（アシュタール、さくやさんたち）もその方向へ向かっています。
もうひとつのグループは、絶対無限の存在を〝恐怖〟だと思っています。
そこに入ってしまえば、自分たちの意識は飲み込まれてしまって消滅する、と
考えているのです。
ですから、絶対無限の存在から遠ざかろうとしているのです。

少しでも、遠くへ行こうと思っています。
私たちとは、まるで反対の方向へ行こうとしているグループです。
これは、どちらが良いとか、悪いとかの話ではありません。
ただ、考え方の違い・・・それだけです。
そして、絶対無限の存在は、どちらも貴重な体験として受け入れています。

でも、絶対無限の存在から遠ざかると、困ったことが起きてきます。
絶対無限の存在は、私たち分身にとってエネルギー源みたいなものなのです。
絶対無限の存在をテレビ局だと思ってください。
分身たちは、中継車だと思ってください。
中継車はテレビ局から出て、いろんなところに行き、
情報を仕入れてテレビ局へ流します。
これらの中継車は、テレビ局からエネルギーを補給しています。
ですから、遠くへ行けば行くほど、エネルギーの補給が難しくなってくるのです。

テレビ局に向かっている中継車たちは、エネルギーの補給ができますが、遠く離れようとしている中継車はどんどんエネルギーの補給に困っていくわけです。

エネルギーを補給したいけど、テレビ局に近づくのは怖い・・・。

では、どうすればいいでしょうか？

そうです。

他の中継車からエネルギーをもらえばいいのです。

もらうというより、「奪う」と言ったほうがわかりやすいですね。

そして、奪い合いが始まってしまったのです。

ある中継車が、簡単に他の中継車からエネルギーを搾取する方法はないか、と考え、見つけた方法が、あなたのいる社会システムなのです。

ピラミッド型の社会。

それは、あなたたちからエネルギーを搾取するためのシステムなのです。
ある中継車というのが、
今、あなたたちを支配・コントロールしている宇宙人なのです。

そして、彼らが欲しがっているエネルギーは、とても重たいエネルギーなんです。

軽いエネルギーはいらないのです。

重いエネルギーとはどのようなエネルギーでしょうか？

粗く、重い波動エネルギーは、あなたたちが「ネガティブだ」と言っている感情エネルギーです。

怒り、恐怖、心配、不安、悲しみ、辛い、苦しい、憎しみ、妬み、罪悪感――などの感情エネルギーです。

感情に良い悪いはありませんが、波動エネルギー的に、重い・軽いはあります。

怒りのエネルギーを感じるときは、身体も重く、気持ちも良いものではないでしょう。

それは重い感情エネルギーに共振して、身体も気分も重くなるからです。

楽しいときは、身体も軽く感じますね？
それも軽い感情エネルギーに共振するからです。

どうして彼らが、重い波動エネルギーを補給したいのかわかりますね。
絶対無限の存在は、とても軽いエネルギーですので、
軽いエネルギーを補給してしまうと、絶対無限の存在に近づいてしまうからです。
絶対無限の存在が水面だとしたら、
軽いエネルギーは浮き輪のような役目をしてしまい、浮上してしまうからです。
深海に向かって沈んでいきたい彼らにとって必要なのは、
浮き輪ではなく、おもりなのです。
重い波動エネルギーである、ネガティブと言われる感情エネルギーなのです。
その重いエネルギーを搾取するために考え出されたのが、
ピラミッド構造の社会システムなのです。

その重い感情エネルギーをあなたから搾取できるように、あなたをピラミッドシステムに閉じ込めておく必要がある。あなたに、自由に好き勝手に楽しく生きてもらっては困るのです。好き勝手に楽しく生きられては、重い感情エネルギーを出さなくなりますから、エネルギーを補給できなくなるのです。

だから、あなたの社会は働いても働いても、幸せに、豊かに、なれないのです。ピラミッド型社会は、あなたを幸せにしようとはまったく思っていません。反対に、あなたを我慢させ、苦しめることで、不安、心配、恐怖、怒り、悲しみ、憎しみ、妬み、辛さ、というエネルギーを、どんどん出させることが目的のシステムなのです。

ですから、あなたに波動のことを一切教えないのです。そして、あなた自身が自分の意識ひとつで、なんでも引き寄せ、現実化する力があることは、何が何でも秘密にし、あなたには力がないと思わせるような教育ばかりをしているのです。

自分の外に力がある。
自分は無力で、誰かの力（神さまなど）を借りないと生きていけない、
ちっぽけな存在だと思わせることに必死なのです。

あなたたちを支配し、コントロールする宇宙人！

あなたの社会で起きている問題は、
波動のことがわかれば、すべてすぐに解決します。
あなたの社会システムの真実がわかれば、そのシステムはすぐに崩壊します。
だから、徹底的に隠し通すのです。
あなたから、エネルギーを搾取している存在たち（宇宙人を含め、一部の人間たち）に、
エネルギーを与える必要はありません。
あなたが、教えられてきている知識は、
宇宙の真理から見れば、すべて反対のものです。
常識といわれるものも、反対のものです。
常識から離れなければ、

いつまでも彼らに、エネルギーを搾取され続けることになります。
彼らが欲しがっているのは、重いエネルギーです。

ですから、あなたの中を軽いエネルギーで満たすようにしてください。
彼らと戦う必要はありません。戦い、対抗のエネルギーは、
重いエネルギーですので、彼らが喜ぶだけです。
彼らにエネルギーをあげたくなければ、
軽いエネルギーで満たしておくことが一番なのです。
あなたの中を軽いエネルギーで満たす・・・。
そのためには、我慢せず、イヤなことをやめ、
好きなこと、楽しいことをしていればいい――それだけです。
それだけで、彼らが創ったピラミッド型の社会システムから出ることができます。
そして、波動が軽くなったあなたは、
好きなものをエネルギー場から引き寄せることができ、

好きな楽しい現実を創造していくことができるのです。
ですから、あなたの希望するものを引き寄せたかったら、
好きなこと、楽しいことだけにフォーカスしていればいいということです（笑）。

いつも、ご機嫌でいられるように意図していてください。
あなたには、自由でいる権利があるのです。
その権利を手放さないでください。

あなたに愛を込めてお伝えいたします

アシュタールのこの話を聞いたときに、すべて納得することができたんです。
すべてが、腑に落ちました。

システム自体が、私たちを幸せにするものではなく　私たちからネガティブな感情を搾取するのが目的だったのなら、今の状況は当たり前のことです。

こんな訳のわからないところは、もうごめんだ。もうまっぴらです。

だったら、アシュタールが言うように、このシステムから出ればいい。そう思いました。

アシュタールは、**「縦のピラミッド社会ではなく、横並びの〝個〟の時代へ向かってください」**って言ってくれました。

すべての人が平等で、ピラミッドのように没個性の歯車ではなく、ユニークな〝個〟を尊重し合える世界。

そして、私たち、ミナミAアシュタールは、

一年半ほど前にMuu Free Clubを立ち上げました。

それぞれが、自分の好きなこと、得意なことを仕事にして、

それを提供し合える社会。そのさきがけになればいいな、と思いました。
搾取の社会から、提供し合える社会へ――――。
しか〜し、つくったのは良いんですけど、とてもアナログ（笑）。
私たちには、ITというか、パソコンの知識がほとんどなかったんです。
だから、手作業という、ものすごくアナログなものになってしまいました。
人数が少ないうちはいいんですけど、これで人数が増えてきたら、
とてもじゃないけどやっていけないよ。どうしよう・・・。
そこで私がパソコン教室へ通うことになりました。あつしさんはパソコンが苦手、最初か
らまったく覚えようともしない。私は知識はないけど嫌いじゃない。だからここを担当す
るのは私ってことになりました。
知らないことは、知っている人に教えてもらえばいい・・・パソコン教室の先生に私がで
きる方法を教えてもらい、試行錯誤の毎日でしたけど自分たちの好きなデザインでつくる
ことができました。デザインに関して、あつしさんは口だけは出すんですよねぇ〜。でも
そのデザインが良かったりするので悔しい（笑）。

さくやさんからのメッセージ

あなたたちはねぇ・・・なんでもひとりでしなければいけないって、
思い込まされてきたのよね。
周りは、競争相手って学校教育で教え込まれてきた。
本当の意味の協力を知らないの。
依存することが協力じゃないの。協力っていうのはね、
お互いが得意なことを提供し合うことを言うの。

できないこと、苦手なことがあって当たり前。
すべて完璧にできる人なんていないんだから。

私たち宇宙人だってそうよ（笑）。苦手なことは、たくさんあるわ。

それが、個性っていうものでしょ。
ロボットじゃないんだから、没個性を目指すことなんてナンセンス！
できることを楽しんでしてればいいのよ。
そして、苦手なことをそれを得意とする人に任せる。
それで、すべてはうまくいくんだから。
苦手なことは、考えなくていいの・・・。
得意なことだけ考えて、それを提供し合えば、誰も何も困らない社会ができるわ。

宇宙は、うまくできてるのよねぇ。
苦手な人もいればそれが得意な人も同じくらいいるの（笑）。
みんなつながっているんだから。
あなたは私、私はあなた・・・。
協力し合って、提供し合えば、すべての人が豊かになれるのよ。

個性を大切にして、
好きなことを楽しんでれば、
あなたたちが抱えている問題なんてあっという間に解決よ（笑）。

まだまだ伝えたいことはあるんだけどね。
最低限の、本当の〝引き寄せ〟の情報は、約束通り伝えたわよ。

やるか、やらないかは、あなた次第よ！（笑）

最後に

今まで閉じていた心を開き、さくやさん、アシュタールの話を素直に聞くようになってから、私の人生はみるみる変わっていきました。

私が望む現実、欲しいもの、やりたいことが、どんどん現実化していったのです。

何も知らなかったころの私からすれば、３００倍？　いやいや３０００倍速く、確実に現実化したように感じます。

そうです、私は私の望む現実を３０００倍、引き寄せることができたのです。

仲間がどんどん増えていっています。愛と調和と平和な世界を望む仲間が増えていけば、本当に横並びの〝個〟の社会ができると本気で思っています。本気で引き寄せます！

今、私は、こうして欲しかった仲間たちと一緒にいることができています。

そして隣には、人生においても、仕事においても、最高のパートナーである、あつしさんがいます。

アシュタール、さくやさんが教えてくれた、波動のこと、引き寄せのこと・・・。

本当にすごい情報です。ぜひ、あなたも使ってくださいね。

変な女と、バカな男の珍道中は、これからも続きます。

もっともっと引き寄せて、楽しい珍道中を歩んでいきます！

最後になりましたが、私たちチームミナミAアシュタールの活動を支えていただきこうしてメッセージをお伝えする機会をくださいましたすべての方に心より感謝いたします。

引き寄せの口ぐせ

ミナミAアシュタール　著

人生ゲーム攻略ガイドブック

あなたが幸せな人生を望むなら
まずは、口ぐせを変えればいいんです。

あなたは、どうして
この惑星テラ（地球）に生まれてきたと思う？

引き寄せの口ぐせ・目次

チームミナミAアシュタール紹介&担当

ミナミAアシュタールとは、日本人のミナミ、破・常識あつし、
宇宙人のさくや、アシュタールで構成するチーム名である。

☆ ミナミ（チャネラー）

宇宙人のさくやさん、アシュタールとチャネリングして地球人へメッセージを伝える。

地球人コメンテーター担当

☆ さくや（水棲龍族の宇宙人）

攻略ガイドブックのMC（master of ceremony）担当

☆ アシュタール（11次元の宇宙人）

惑星地球（テラ）の外にある宇宙の情報プレゼンター担当

☆ 破・常識あつし（ディレクター）

構成・演出・ナレーション担当

プロローグ

あなたはね、遊びにきたのよ！

この惑星テラ（地球）は、ものすごく面白い惑星なの。
学び舎でも修行の場所でもなく、ましてや流刑地なんてありえない話。
テラは大きな遊園地なのよ。
どう表現すればいいかしら・・・そう、バーチャルゲーム！
ものすごくリアルなバーチャルゲームを楽しめるところ。
あなたが普段やってるゲームでも、次から次へといろんな障害が出てきて、
それをどうやって攻略するかっていうのがテーマでしょ。それと同じなの。
思い通りにならないところが面白いところ。
いろんなボスキャラが出てきたり、今いる部屋から出るための出口を探したり、
友達と協力し合って宝を見つけたり・・・楽しいでしょ。

プロローグ

あなたはね、身体を持って、そのバーチャルゲームを楽しむためにテラに転生してきたの。

画面の中の主人公を操作するだけじゃ飽き足らず、自分でその体験を実際にしてみたい・・・

と思って、画面の中に飛び込んじゃったって感じかしら。

それほど、このテラでの遊びが面白かったのよ、あなたは。

もっとリアルに遊びたいって思ったの。

この本は、そんなあなたに人生というゲームを楽しむ方法を伝える攻略本なの。

楽しくテラ（地球）での人生ゲームをクリアするための攻略本。

攻略本・・・つまり裏情報が詰まった情報誌みたいなものだと思ってくれていいわ。
あなたは転生するときに、ゲームをやるにあたっての説明書はもらってるの。
こうしてゲームをしてくださいっていう、ルールブックね。
でも、そのルールブック通りにやっても、うまくいかないし楽しくないのよね。
だって、今のあなた楽しくないでしょ？
楽しくないから、楽しくしたいなぁって思って、この本を手にしたんでしょ？
そのルールブックは、◯◯してはいけません、◯◯しなければいけませんっていう
制限ばかりが載ってるの。制限ばかりで、やりたい方法でゲームができないから、
つまらないし、うまくいかないのよ。だから、楽しくなる裏情報を教えてあげるわ。
裏情報といっても、なにも悪いことを教えるわけじゃないのよ（笑）。
今まで誰も教えてくれなかった、テラでのゲームを楽しくクリアする方法。
攻略方法を教えてあげるだけ！

攻略するための一番のアイテムは〝思考〟。

プロローグ

思考さえ変えれば、人生はいくらでも思い通りになるわ。

あなたの思考が、あなたの現実を創ってるってこと知ってる?
考えるから、それが現実になる。
何かがしたいと思うから、どうやってそれをしようか? ってことになって、
それができるようになる。わかる?

遊園地に行きたいっていう思考があるから、遊園地に行けるのよ。
遊園地に行きたいって思わなければ、遊園地に遊びにいくという現実もないわよね。
簡単に言っちゃうと、そういうこと。
思考しないことは、絶対に現実にならない、でしょ?
だから、思考が先、現実はあと、なの。
今の現実が気に入らなきゃ思考を変えればいい、それだけのこと。

でもあなたたちは、自分の思考を自分でコントロールすることができないのよね。

コントロールする方法を教えてもらってないから。だからこの本で自分の思考のコントロールの仕方を教えてあげるわ。

まず、思考をコントロールするには、いつも自分が何を考えているかを知ること。

あなたは常に無意識に何かを考えてる。その無意識に考えてることが現実になってるってこと。

ならば、いつも自分が何を考えてるかをチェックできるようになればいいの。いつも自分が考えてることにフォーカスしていれば、意識して物事を考えることができるようになるでしょ？

そして、自分が気に入らない、好きじゃない思考が出てきたら、その思考を自分の好きな思考に意識的に変えればいいのよ。それが自分の思考をコントロールするってこと。

でも、いつも自分が何を考えてるかなんて最初はよくわからないわよね。

そのときに、いつも自分の口から出ている言葉を意識すればいい。

いつも口に出る言葉（口ぐせ）が、自分の思考の傾向を教えてくれるから。

いつもダメだダメだ、無理だ無理だ、できないできない、って言葉を出してるとしたら、常にあなたが考えてることは、できないってこと。

なにを考えても、その考えを却下してるってこと。

だから、自分がしたいことができない現実を創造しちゃう傾向にあるってことがわかる。

ならば、ちょっと強制的になるけど、まず口に出る言葉から変えちゃえばいいんじゃない？


たとえば、思考が「ダメだ」って思ったとしても、強制的に口が「できる」って言うとするでしょ。口から出る言葉は音として、あなた自身に聞こえるから考えてるより自分自身に影響力があるのよ。自分がすぐに「できない」って思う傾向があることがわかれば、まず口ぐせを「できる」に変える。そうすれば、思考も少しずつだけど「できる」という方向になっていくの。

口ぐせってね、いつも自分が考えてることなの。
いつも考えてることが自然と口に出る。これが口ぐせ。
思考が口ぐせになってしまってるなら、
意識して口ぐせを変えていけば思考も変わっていくってこと。

自分が考えてることが、現実になる——思考が先、現実はあと！

思考しないことは現実にはならないの。

だから、今楽しくない現実を生きてるとしたら、思考が楽しい方向ではないということ。

それだけのことなのよ。


楽しい現実を体験したかったら、口ぐせを変えればいい。

はっきり言ってそれだけのことなんだけどね。
でも口ぐせを変えればいいって言われても、なにをどう変えればいいかわからない、
って思うでしょ？
だから、具体的に今までの思考、口ぐせ、をどう変えていけばいいか、
このあと、わかりやすく説明していくわね。

あなたが現実を変えたいと思うなら、
この扉を開けてみて。楽しくなるわ！
でもこの扉を開けてしまうと、もう元には戻れないわよ。
覚悟してね！

心の準備はいい？　覚悟ができたら開けてちょうだい！
もしあなたが、「今までの思考で人生ゲームを続けたい」と思うなら、

変化を望まないのなら、ここでこの本を閉じたほうがいいわね。

さあ、あなたは、どうする？

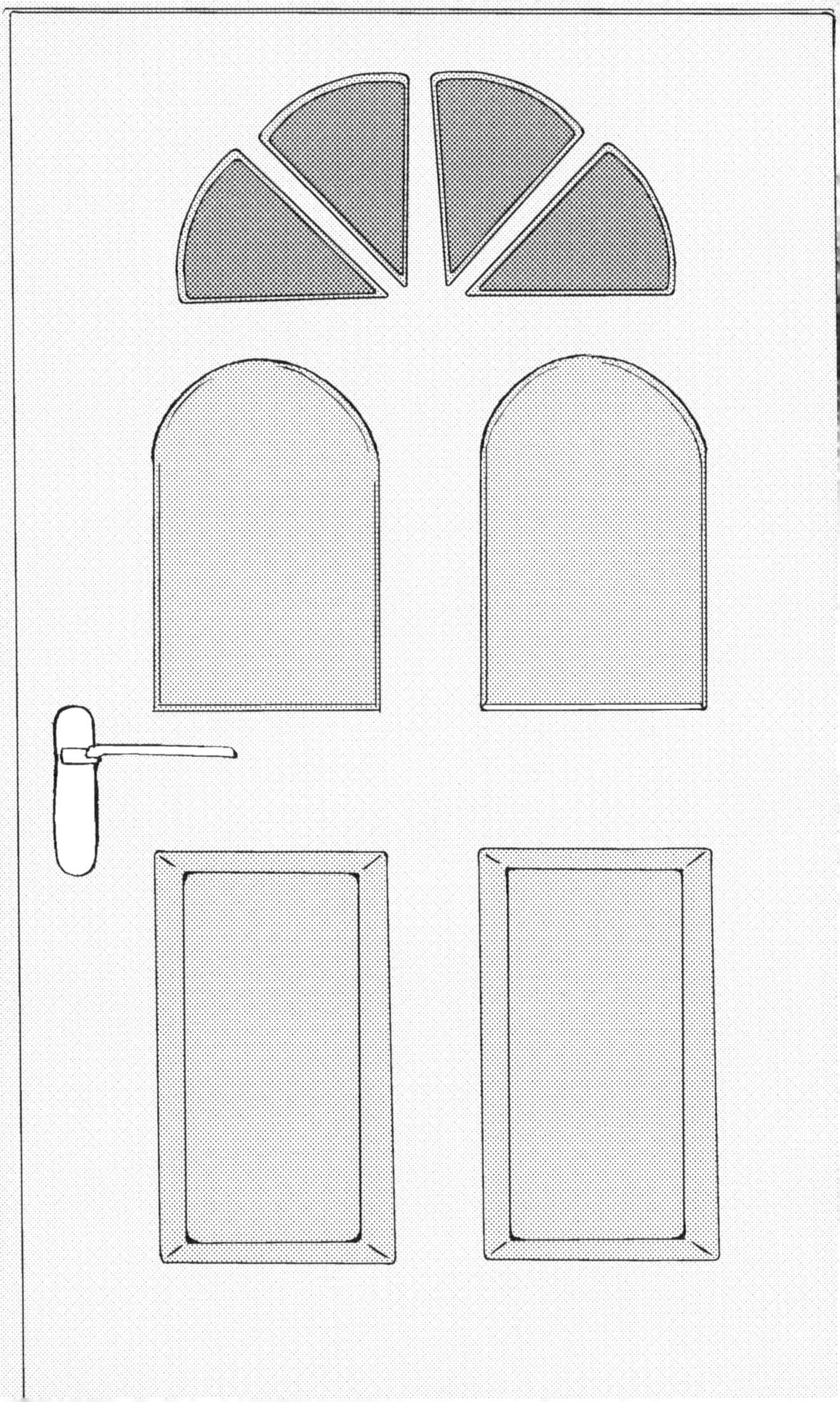

破・常識の世界へようこそ！

では、ステージ1を始めましょう！

さくやさん、よろしくお願いします。


プロローグで話した「思考が先、現実はあと」。

はっきり言って、この本は、このことしか書いてないわ（笑）。

本当にこれさえわかれば十分人生を楽しく攻略できるのよ。とっても簡単なことなんだけどね。でも、そうは言ってもあなたたちは、そんなことは教えてもらったことはない。

学校でも、波動エネルギーについてなんて絶対に教えてもらってないでしょ。

まずは、思考エネルギーって何？・・・そこから理解できなきゃ、思考が先、現実はあと・・・、なんて言われてもさっぱりわからないわよね。

だから、ここからちょっとアシュタールに、波動について、
思考のエネルギーについて話をしてもらおうと思う。
じゃあ、アシュタール、よろしくね。

思考が先、現実はあと！

考えたことが起きるのです。考えていないことは、起きないのです。


あなたが、○○をしたいな・・・と考えます。考えるから現実になるのです。

お腹空いたなぁ、何か食べたいなぁ〜、カレーにしようか？

でも、昨日もカレーだったからな、とんかつでもいいな、あ、でもパスタっていうのもありかも・・・って、頭の中でいろいろ考えますね。

そして、最終的にいろんな条件（食べにいくまでの距離とか時間とか値段とか）を

並べた結果、ひとつに決めるわけです。
決めたから、それが食べられる、ということですね。

思考しなければ、現実は動かない・・・ということです。

食べることだけではありません。
現実で起きたことすべては、あなたが考えたことなのです。

たとえば、起きてほしくないな・・・と思ってることも、あなたが起きてほしくないと考えたから起きた、ということでもあるのです。心配、不安、それも思考です。
そして、あなたのいつも考えていることは、そちらじゃないでしょうか？（笑）

ちょっと思い出してみてください。
常にあなたの頭の中をぐるぐる回っている思考は、どんなものですか？

「あ～イヤだな」、「めんどくさいな」、

「あ～疲れたぁ」、「腹が立つ」・・・って感じですか（笑）。

その思考が、あなたの現実になるんです。


たとえば、「休みたいなぁ」って思ったとします。

「休みたいなぁ」という思考は、それは休めないと言っているのと同じだと思ってください。「あ～、休みたい、ゆっくりしたい」といつも願っているその思考が、反対に休めない現実になってるんです。


よくわかりませんか？

たとえば、いつも「お金が欲しい」と思ってるとしますね。

それは、ちょっと違う角度から見れば、「私はお金がありません」と宣言しているのと同じことになるのです。いつもいつも「私にはお金がない」と自分に言い聞かせているのです。

どうなるでしょうか？

「お金がないから、あれもできない、これもできない、あれも食べられない」、と思考しているのです。「お腹が空いたぁ、とんかつ食べたいな」と思ったとき、いつもお金がないから何もできないと思考していたら、即座に、「私には無理、食べられない」という思考になり、「食べたいのはとんかつだけど、お金がないからインスタントラーメンにしよう」・・・という選択になるのです。そして結局、とんかつは食べられない。


わかりますか？

あなたがとんかつは私にとって高価で、贅沢な食べ物で、そして私にはお金がないから食べることはできない、と思考している限り、とんかつは食べられないということになるのです（たとえばの話ですよ。とんかつくらい食べられるよって怒らないでくださいね）。

でも実際にお金がないんだから、いくら思考しても食べられないということには変わりないじゃないですか？　と思いますか？

ここから、ちょっと波動エネルギーの話になります。

すべてのものは、エネルギーでできています。エネルギーは、いたるところにあります。目に見えないけどあなたのまわりを埋め尽くしているのです。

たとえば、海の中にいる魚のような感じです。魚のまわりには寸分のスキもなく水（海水）がありますね。それと同じようなものだと思ってください。

そして、海の水のように、ただそこにあるだけです。そこに何かの刺激が加わったら水は動きます。海の中の水も、魚のひれの動きによって波を立てたり、風によって表面に波ができたりします。

あなたのまわりのエネルギーも、何か刺激があると動くのです。

たとえば、砂鉄をイメージしてください。

紙の上に砂鉄を広げても何も動きません。そのままです。

でも、その紙の下に磁石を置くとどうなりますか？
その磁石の形に砂鉄は動きますね。
ハート型の磁石ならば、紙の上の砂鉄はハート型になります。

思考と現実の関係も同じなのです。

思考はエネルギーです。
考えたことは磁石のように、
あなたのまわりのエネルギーを動かすのです。
あなたの思考した通りに動くのです。

お金もエネルギーです。
だからあなたが、「私にはお金がない」と宣言すれば、お金のエネルギーは、あなたから離れていくのです。私にはお金のエネルギーは寄ってこない、もしくはお金は必要ない、という現実をあなたが望んでいるということになるのです。

エネルギーは何も判断しません。砂鉄も何も判断せず、ただ磁石の形になるだけですね。あなたのまわりのエネルギーも同じように何も判断しません。ただ、あなたの思考が命じた（?）ように動くのです。

エネルギーを動かすのは、あなたの思考なのです。思考が原因で、エネルギーが創りあげた現実は、結果だということです。

だから「思考が先、現実はあと」なのです。

これがわかれば、どうすればいいかわかりますね。

自分の思考をいつもチェックしていればいいのです。

自分が無意識にどういう思考をしているのかわかれば、

無意識でしている思考を意識して
自分の好きな現実になるように変えればいいのです。

簡単でしょ？

「思考が先、現実はあと」・・・という言葉を
口ぐせにしてみてください。

思考に対して、もっと意識を持っていくことができます。自分の思考をコントロールすることができれば、あなたの現実もコントロールすることができます。自分の好きなように現実を創造することができるのです。あなたの好きな人生を送れる・・・ということです。
思考が先、現実はあと・・・思考が原因、現実はその結果なのです。

口ぐせは、あなたが常に思考していることなのです。
だから、口ぐせを変えれば現実が変わるのです。
現実を変えたかったら、まず口ぐせから変えてみてください。

チェンジ1　「思考が先、現実はあと」を口ぐせにする！

チェンジ2に進みます。
では、問題です。

あなたは、仕事でトラブルに巻き込まれました。あなたは、ひとりで対処し、解決しなければなりません。このような状況で、あなたは自分自身にどんな言葉をかけますか？（具体的な仕事のトラブルは、ご自分でイメージしてください）

1．どうしよう・・・私は、どうしたらいい？

2．どうする？・・・私は、どうしたい？

選んだら、次のページへ

1. どうしよう・・・私は、どうしたらいい？

この言葉を使ってる限り、ずっと悩み続けることになるわよ。だって、誰も教えてくれないんだもの。もちろん、アドバイスはしてくれるわよね。でも、それがあなたにとって正解かどうかはわからないでしょ。そして、たくさんの人にアドバイスをもらえばもらうほど、またどうしていいかわからなくて、迷いの森に彷徨うことになる。

「どうしたらいい？」って誰に聞いてるの？　そうよね、自分に聞いてるのよね。だったら、「どうしたらいい？」って聞かないで、

「私は、どうしたい？」・・・って聞けばいいの。

「どうしたらいい？」ということに答えは出なくても、「どうしたい？」には答えは出るでしょ？

私はこうしたい、だからそうするって決めれば、自分で納得できる形で解決できる。

そして、自分で納得して決めた答えだから、もしそれが思い通りの結果にならないとしても後悔しないで済むわよね。

自分がやりたいようにしたんだから、「この結果は仕方ない、受け入れましょう」って思えるでしょ。

もし、誰かとケンカをして仲たがいをしてしまったとするじゃない。

そのとき、「どうしよう？」って考えるんじゃなくて、「私はその人とどうしたいの？」って自分に聞いてみるの。

このまま仲たがいしたままでいい？　それとも、仲直りしたい？

簡単でしょ？

そのままでもいい、もう付き合う気はない、って思うならそのままでいいし、
それじゃイヤだ、仲直りしたい、って思うなら、
どうやって仲直りすればいいか考えればいいだけのこと。

他の人には、あなたの本心はわからない。あなたがどうしたいのか？
そのことを知ってるのはあなただけなの。
だから、あなたの悩みを解決できるのもあなただけだってこと。

「どうしよう？　どうすればいいって？」　自分に聞くのをやめて、
「私は、どうしたい？」って聞くようにしていけば、
悩みを解決することができる。

あなたの人生、決めるのはあなただってことを忘れないでね。

あなたが望むこと（どうしたいのか）をすればいいの。
そしたら、ご機嫌さんな人生を歩むことができるわ。

ミナミ：ねえ、さくやさん！　たとえばこういうこと？

相続争いの裁判みたいな？　兄弟が親の遺産を巡って争う・・・。

よくテレビドラマなんかで描かれてるわよね。

お金が欲しいって思う。少しでも親の遺産を多く手に入れたい。

だって兄弟それぞれに生活があって、家のローンも早く返したいし、
子どもにも教育費がかかる。でも兄弟で争ったり、ましてや裁判なんてしたくない。

残された母親は、兄弟で争うことを悲しんでる。

「あ～、私どうしたらいいのぉ～」って、悩むというドラマ。

あつし：ドラマの中だけじゃないよね、超現実的な問題！　俺のまわりでも、実際裁判や
ってるし・・・みんな、それぞれの思いがあるからね。

ミナミ：そう！　そんなときに、それぞれみんなが、「私どうしたらいい？」よりも、

「私は、どうしたい？」って考えればいい、ってことでしょ？

お金が欲しいって思えば、裁判してでも争うことを決心することができる。

反対に、兄弟仲が悪くなるのはイヤだと思うならば、お金は諦める。
どっちが自分の望みなのか？　はっきりわかりさえすれば、悩みは悩みでなくなるってことでしょ？

まあ、そうゆうことかな。それにしても、あなたたちの悩みって、お金が絡んでることが多いわよね。

チェンジ2　「私は、どうしたい？」を口ぐせにする！

ここから、ステージ2です。

先ほど、さくやさんが、ぼそっとつぶやいていましたが、地球人にとって、「お金」に絡む悩みや問題が多いですよね？

と、いうことで、ステージ2は、「お金」に関するチェンジに参りましょう！

では、ここで質問です。

休日、久しぶりにデパートに買い物に出掛けました。お気に入りだった腕時計の調子が悪くなり、新しいものに買い替えるつもりで時計売り場に来ました。そこで、ひとめ見ただけで欲しいと思った魅力的な腕時計を見つけました。

その時計の値段をみると・・・

なんと自分の給料の三か月分！！

予定していた予算の六倍の値段です。

さて、あなたならどうしますか？


どうするか決めたら、次のページへ！

「お金がないから買えない」・・・

って、言ったでしょ？（笑）
「そんなの高くて買えないよ」・・・って口ぐせにしてない？
そんなの口ぐせにしてるから、いつまでたっても買えない状態になるの。
何を見ても、「高いわねぇ、こんなに高いんじゃ買えないわよ」って繰り返してない？
そして、「あ、安いわ、これなら買える」って口ぐせになってない？

お金がない、高くて買えない、
っていつもいつも思ってるとそうなるのよ。

そしてね、安いから買える、
って思うと安いものしか買えなくなるの。

「高いから買えない」って思う口ぐせが、現実になるって言ってるの。
安いものは買えるんでしょ？
それは、安いものは買うことはできるっていう自信があるから、
そして、いつでも買えると思ってるから、買える現実を創るの。

たとえば、安くても、これも買えないって思ってると、
安いものでも買えなくなってくる現実になるわ。悪循環に陥ることになる。
気持ちもどんどん落ち込んでいって精神状態も悪くなる。

思考はエネルギー。いつも考えてることが現実になるってこと。
だから、「買えない、買えない」って繰り返すと買えなくなるの。

でも、実際買えないんだから仕方ないじゃない、って思うでしょ？
そう実際に買えなくてもいいの。

そのときに買えるか、買えないかが問題じゃないのよ。

次に創る現実がどうなるかが問題なの。

いつまでも買えない現実は、イヤなんでしょ？

今は買えなくても、次の現実で買えるようになればいいんでしょ？

それには言葉を変えればいいの・・・。

言葉を変える↓口ぐせを変える↓思考が変わる↓現実が変わる！

だから、

「お金がないから買えない」

↓

「いつでも買えるけど、今は買わないだけ」に口ぐせを変えればいい。

値段を見て、瞬間的にこれは高くて買えないっていう思考が浮かんだら、すぐにそれをキャンセルして、「あら、安いじゃない。私はこれを買うだけのお金は十分持ってるのよ・・・でも、今日は買う気分じゃないからやめとくわ」・・・って言えばいいの。

買えないんじゃなくて、「今日は買わないだけ！」って口にすれば、買えないという思考はなくなっていくわ。

そして、安いものを買うときと同じように、いつでも買えると思えるようになる。何度か繰り返していくうちに、本当にそんな気分になってくるわ。

それがすごく大切なの。気持ち、感情が一番エネルギーを動かすことができる。

本当にそう思えることができるようになると、

本当にいつでも買うことができるようになる現実を創造することができるの。

口に出して言ってみて・・・、

「いつでも買えるんだけどね、今はちょっと気分じゃないからやめとくわ」・・・って！

「私には買えない」って口にするより、よっぽど気分が良いでしょ（笑）。

チェンジ3　「いつでも買えるけど、今は買わないだけ！」を口ぐせにする！

「本当にねぇ、あなたたちの悩みの九十九％くらいは、お金に関してなんじゃない？

お金さえあれば、豊かに（物質的にも、精神的にも）暮らせるのにね。

毎日の生活を見てみればわかるわよね。

夫婦ゲンカだってほとんどがお金に関してでしょ？　直接的にお金の問題じゃないとしても、お金があればそんなに遅くまで働いたりしなくて済むし、そんなに疲れ果ててることもない。

疲れ果ててイライラするからケンカになる。

お金があれば、時間も自由になるし、二人の時間もゆったりと過ごすことができるから、会話も増える。結果、仲よしでいられる。

両親が仲よしだと子どもも嬉しいからニコニコする。だから家族みんな幸せ！

すべてお金なのよ、お金（笑）。

でも、そのお金が自由に手に入らないから困ってるのよ（怒）・・・でしょ？

お金を自由に好きなだけ手に入れる方法あるのよ。
それを知らないから、お金に振り回されるの。

それにはどうしたらいいか？　今からアシュタールが教えてくれるわ！

私はお金が大好き、そしてお金も私が大好き！

お金が欲しかったら、お金を大好きになってください。
「私、お金が大好きなんです」って笑って言ってください。
「お金と私は相思相愛」って言ってください。

好きじゃないものは、あなたに寄ってきません。
あなたも好かれていないと思ったら、近寄らないでしょ？（笑）

私はお金が大好きよ、って思ってるあなた。本当にまわりの人にそのことを言うことができますか？　近しい人（家族、友人、など）には言えるかもしれませんが、あまりよく知らない人やそんなにお付き合いのない人、嫌われたくないと思っている人に、笑って言えますか？　ちょっと躊躇しませんか？

守銭奴？　お金に汚い人？・・・って思われたくないって思っていませんか？

お金は好き、でもお金に汚いとか思われたくない・・・大きな矛盾ですね。

あなたたちはお金に対して、この大きな矛盾を抱え込まされているのです。

お金はただの紙、金属の塊・・・それ以上でもそれ以下でもありません。

ただの物質、物を交換するためにつくられた、ただのツールなのです。

でも、そのただの物質でしかないお金に対して精神性を絡めてしまうから、おかしなことになってしまうのです。精神性の高い人、人格者といわれる人は、お金を欲しがらない。

清貧の思想です。

清く正しい人になりなさい、そのためにはお金を欲しがってはいけません。お金は汚いものです。お金を欲しがると、精神性、品格、人間性、霊性が低くなってしまいます。

清貧でいなさい・・・と小さなころから教育を受けるのです。


特に宗教的には、清貧が素晴らしいと教えられます。

だから、お金を好きだというと自分の人間性を疑われる、汚い人間だと思われる・・・、という怖れが出て、口にしにくくなるのです。


ちょっと前に「お金を欲しがって何がいけないのですか?」と大きな声でマスコミなどに言った人がいます。その人は、その言葉を言ったおかげで、大きくイメージを落とすことになりました。人間としてどうなの?・・・という風潮が起き、みんなから攻撃されることになってしまいました。これは、あなたたちの中にあるお金を欲しがってはいけない・・・

という考え方のタネに触れてしまったということです。

お金を欲しがらない人が良い人で、お金を欲しがる人は悪い人（人間として劣った人）という構図ができあがってしまっているのです。だから、お金をとらない人、ボランティアをする人が良い人だとされるのです。


その反対に、お金さえあれば幸せになれる、とも刷り込まれてもいるのです。

毎日のようにセレブと呼ばれるお金持ちの人たちの生活を、テレビや雑誌で見せつけられます。お金があると、こんなに優雅な生活ができ、いつもニコニコ笑っていられて、楽しい人生を送ることができるんですよ、と囁き続けられるのです。

お金さえあれば、今のような苦労はしなくてもいいんです。精神的にも安定し、人にも優しくできるし、素敵な人になれますよ。すべてにおいて幸せになれるのです・・・。

だから、みんなお金を欲しがりましょう・・・と。

あちらでは、お金は汚いものだから精神性を高めるためには欲しがってはいけないと教えられ、こちらではお金は素晴らしいもので、お金さえあれば幸せになることができるんです・・・と囁かれる。

あなたはどちらが本当なのかわからなくなってしまい、二つの矛盾の中で右往左往することになってしまうのです。欲しいけど、欲しくない・・・いつもそう思っているのですから、お金が潤沢に好きなだけ手に入るわけがないのです。

何度も言いますが、お金はただの紙きれ、金属の塊なのです。

それ以上でもそれ以下でもありません。

お金そのものには、何も価値はないのです。

必要ならば、いくらでも欲しがってください。

堂々と〝欲しい〟と言ってください。

欲しいものを欲しいということで、

精神性や人間性や霊性などが低くなることはないのです。

思考はエネルギーです。
嫌えば逃げていきます。というより自分で拒否しているのです。
自分で拒否していれば手に入るわけがないのです。

今のあなたの社会では、お金は必要なのです。
もちろんないよりあるほうがいいに決まっているのです。
たくさんの可能性が広がるのです。

だから、お金について刷り込まれた二つの矛盾を手放してください。

お金という可能性を秘めたチケットが欲しければ、素直に欲しがっていいんです。
そのためには、そのチケットを好きになってください。
愛してください。大好きだと宣言してください。

「好きです」と言われたら、あなたも嬉しいでしょ？
一緒にいたいと思いますね。お金も一緒です。
あなたが好きだと言えば、お金もあなたのことが好きになるのです。
だから、誰にもはばかることなく・・・

「私はお金が大好き、そしてお金も私が大好き！」

と宣言してくださいね。

チェンジ4

「私はお金が大好き、そしてお金も私が大好き！」

と宣言する！

素直が一番！

いい？　思考したことが現実になるの・・・。
考えてることがあなたの現実になるってこと。
思考が先、現実はあと・・・
この本って、はっきり言って、このことしか書いてないのよね（笑）。
それさえわかれば、すべてはあなたの思い通りになるの。だから、欲しいものがあれば、
したいことがあれば、それを望む思考をすればいい。
だって思考があなたの現実になるんだから。

蕎麦が食べたいって思うから、蕎麦が食べられるんでしょ？
カレーが食べたいって思いながら、蕎麦は食べないわよね。
それと同じ。何が好きか？　どうしたいのか？・・・。

いつもあなたが考えてることが現実になるの。それはわかるわよね。


でもね、これが曲者でね・・・。

あなたは、実はイヤなことばかり考えてない？　素直に好きなこと、楽しいことばかり考えているのならば、好きな現実になるはず。でも、ちょっと考えてみて・・・。

いつも心配だとか不安なことばかり考えてないかしら？　こうなったらどうしよう、こうなったらイヤだなって。そういう思考が、本当にそういう現実になるってことなの。

蕎麦が食べたいって思ったら、素直に蕎麦を食べるって決めて、それを行動に移せば、蕎麦は簡単に食べられる。でも、誰かとの付き合いがあるから、それを断ると仕事に差し支えるから我慢してカレーを食べよう、って思えば、蕎麦じゃなくてカレーを食べることになる。

わかる？・・・

自分は蕎麦が食べたいと思っても、

そこにいろんな心配や不安や利害などの思考が入ってくれば、あなたの素直な望みはかなわなくなるってこと。

こうして、あなたの頭の中はいつも素直じゃない言葉で埋め尽くされている。

こうしたい、ああしたい・・・でもそれはこういう事情があるからできない、我慢しなくちゃ、人に合わせなくちゃ、人に良い人に思われるようにしなくちゃ・・・。

グズグズそんなことばかり考えてるものだから、気がついたら本当に自分がしたいことさえわからなくなっちゃってない？

あれ？　私一体何が食べたいんだろう？　食べたいものがわからないわ、ってね。

そしてまた人の意見に振り回されて訳がわからなくなってしまう。

私は一体何が食べたいって思ってるんでしょうか？　って人に聞くのよ（笑）。

そんなことを聞いても誰もわかるわけないから、その人は自分の勝手な意見をあなたに言うわ・・・「天丼が良いんじゃない？」。そうか、天丼ねぇ、じゃあ天丼にしようかな？

でも、もしかしたら私が食べたいものは天丼じゃないかもしれない。

他の人にも聞いてみよう。

そして、また別の人に聞くとその人は、「あなたはパスタが好きってこの前言ってたからパスタにしたら？」って答える。そうか、私はパスタが好きなんだ、じゃあパスタにしようかな？　でもさっきの人は天丼が良いんじゃないって言ってたよね。

でもパスタが良いって言う人もいるし、どちらが良いのかわからなくなってきたから誰かにどちらが良いか聞いてみよう。「私はどちらを食べればいいでしょうか？」ってね。


ものすごくナンセンスな話でしょ？

食べ物で例えてみたから、凄くそのナンセンスさがわかると思うけど、これやってない？

仕事や人間関係などの悩みを人に相談するって、これと同じことなのよね。

あなたのことは、あなたにしかわからない。
あなたがどうしたいのかは、あなたにしかわからない。
それなのに、私、どうしたらいいんでしょうか？・・・
って、わからない人に聞いてみたり、何人もの人に意見を求めて、もっと訳がわからなくなってみたりしてない？

あなた自身が訳がわからなくなって、頭の中（思考）がグチャグチャになってるから、
あなたの現実も訳がわからないものになっちゃうの。
すっごくシンプル。私はどうしたいのか？　それだけのことなの。

それには、自分に素直になること！

人のことはどうでもいい、

付き合いなんてのもどうでもいい、

損得なんてどうでもいい、

とにかく自分の素直な気持ちを

一番に優先させること。

そうすれば、自分が本当に何を望んでるのかがわかるわ。自分が望んでいることだけをしていれば、あなたの現実はあなたの好きなようにできる。

蕎麦が食べたいと思えば、素直に蕎麦を食べればいいだけのことよ。食べたいって思うものを食べられれば、ご機嫌になれるでしょ？　そうやってご機嫌になれることばかりしていたら、ご機嫌な現実ばかりになるから、ご機嫌な人生になるってこと。

あなたの見ている現実が

訳がわからないものになってるとしたら、

素直に自分の考えを優先してみれば？・・・

そしたら、すっきりするわよ。

チェンジ5

「素直が、一番!」を口ぐせにする!

ここからステージ3です。
ステージ2は、いかがでしたか？
簡単にクリアできましたか？

お金に対するブロックは、ありませんでしたか？
あなたは、自分の素直な気持ちがわかりますか？

ではここで、これまでのステージを振り返って考えてみてください。

「どうせ私なんかにできるわけないじゃない」

「俺ごときが、そんなこと無理に決まってるだろ」

このような言葉を、つぶやきませんでしたか？

「どーせ私なんか、どーせ俺ごときが・・・」


「どうせ、私なんかにできるわけないじゃない」

「俺ごときが、そんなこと無理に決まってるだろ」

「どうせ、私（俺）ごとき」・・・って言葉が出た時点でアウトね。何もできるわけないじゃない。だってそれって、最初から諦めてる言葉でしょ。最初から捨てる言葉じゃない。そんな言葉を口ぐせにしてて何ができるっていうの？　何もできるわけないわよね。

この言葉を使えば楽よね。だって挑戦しなくていいんだものね。自分はこんなにダメな人間です。何もできない人間です。価値のない人間です。・・・って公言してるってことでしょ？


思考が先、現実はあと・・・自分がそんなことを公言してるなら、そんなつまらない現実しか創れないわよ。

そんな言葉を使っていながら、何かやりたい、成功したいなんて、無理な話よね。

悔しまぎれの言葉だとしても、その言葉を出した時点で、自分は諦めましたって言ってるのよ。

できないことに開き直っているだけ！　だから、できない！　そうでしょ？

誰が悪いんでもなく、誰のせいでもなく、自分が諦めてしまってるからできないだけ。

どんなに才能があっても、どんなに環境が整っていても、本人ができませんって諦めてしまったらそれで終わりなの。

そしてもし、私ごときが・・・っていう表現を
謙遜だと思って使ってるとしたら
それは大きな間違いね。その言葉は卑下よ。
自分をわざわざ貶めてどうするの？

自分を低く見せることで相手を上げる？？？？・・・何のために？

自分を無理に小さく見せて、大したものではありません、というのは、自分に対して自信がないからでしょ？　先に自分を小さく見せておけば、誰もあなたに向かってこないから。

表現はすごく悪いけど、それって犬とかがお腹出して服従するのと同じことなのよ。

いつでも逃げる（言い訳する）ことができるように、私ごときには太刀打ちできませんって言ってるのよね。そんなに小さな自分を演出して、そのほうが安全だと本気で思えるならそれでいいと思う。でも、何かやり遂げたいと思うことがあるなら、その言葉は使わないことね。何か成功したいと思うなら、その言葉は絶対に禁句よ。

「私ごときにできるかな」・・・っていう思考が浮かんできたら、

すぐにキャンセルして、
「私は、できる」っていう言葉に変えればいいのよ。

逃げる言葉を口ぐせにしてたら
いつまでも何もできないで終わってしまうわよ。

さくやさん、少々熱く語るステージ3でした！

チェンジ6

「私は、できる！」を口ぐせにする！

ここで、アシュタールが、
あなたに話したいことがあるそうです。

ステージ4は、
アシュタールから進めてもらいます。
では、お聞きください。

やっぱり私（俺）って、すごい！

自分を褒めてあげてください。なんでもいいです。
とにかくできることすべて褒めてください。
できて当たり前のことなどないんです。
できることはすべて、すごいんです。

歩くことも、あなたは何気なく当たり前のことのように思っていますが、歩けるというのは、すごいことなんです。脚を交互に出しながら、バランスをとることも並大抵のことではないのです。それをさも当たり前のようにできてるあなたは、すごいのです。

あなたたちは、自分のできないことばかりを見るくせがあります。

あれもできない、これもできないと、できないことばかり見て、自分の評価を下げ続けます。

どんどんセルフイメージを下げてしまっているのです。できない自分をいつもいつも責め続けてしまっています。そして、どんどん自信を失っていくのです。

どうしてそんなに自分の評価を下げてしまうのでしょうか？
どうしてそんなに自分を責め続けるのでしょうか？

それは、あなたたちの社会が競争することで成り立っているからです。小さなころから競争することを強いられ、常に誰かと比べられ、それによってあなたの価値が決められる。

そのために、何とか人より良い評価を得ようと躍起になりま

す。すべてにおいて、良い評価を得ようとすることから、おかしなことになってしまうのです。

あなたは、走るのが速いとします。あなたは、それで素晴らしいんです。でも、あなたはそうは考えません。私はたしかに走るのは速い・・・。でも、あの人に比べれば遅い。だから、まだまだダメなの。そして、走るのが速くても数学ができない。だからダメ！走るのが速いっていってもあの人より遅いし、数学もできないから、私は価値がない人間なの・・・って言うんです。走るのが速いのと数学はまったく関係ありません。それが問題なんです。すべてが完璧にできないとダメだと思い込んでしまっているんです。万能？・・・それを目指そうとしているんでしょうか？

勉強も運動も芸術も人間的にも、すべてが人より上回っていなければ、自分は価値のない人間だと思い込んでしまっているのです。だから、できないことばかりに目が行くのです。

わかりますか？

できることは、当たり前だと思ってしまってるんです。そして、できることであっても、またそこで人と比べてしまうので、できることでも、できないと思ってしまうのです。

世界一にならなければできるとは言えない。そのくらいに思い込んでしまっているんです。

だから、自分はダメな人間だと言い続けることになり、どんどん自分の評価を下げ続け、自信を失い続けるのです。

あなたができて当たり前だと思ってることでも、できない人はたくさんいます。そして、あなたができないことをできる人もいます。人にはそれぞれ必ず得手不得手があるのです。それを忘れてしまって、不得手なことばかりに目が行くから自信がなくなるのです。


自分ができることをやればいいんじゃないでしょうか？

できないことは、できる人がやればいいんです。

何もかもひとりで、すべて完璧にできるわけがありません。

そんな人は、宇宙中どこを探してもいません。得手不得手は、個性です。勝ち負けではありません。優劣でもないんです。

絵が上手に描ける人は、自分の絵を描いてください。その絵に関しても、人の評価などいらないのです。あなたが描いた絵、そのものが素晴らしいんです。あなたの絵は、あなたにしか描けないんです。どんなに真似をしても、まったく同じように描ける人はいません。宇宙に、たったひとつだけの絵なんです。そんな素晴らしい絵を描けるあなたは、素晴らしい存在なんだということを思い出してください。

競争している限り、誰かの評価を気にしている限り、あなたは常に自分を責め続けることになってしまいます。自分はダメだと思い込み、自信をなくしていってしまいます。

あなたは、あなたのできることをやればいいんです。

あなたの表現をすればいいんです。人と比べる必要はありま

せん。あなたがいいと思えばそれでいいんです。

あなたが、自分はできる、と思えばできてるんです。苦手なことまで、人ができると評価してくれるまで頑張らなくてもいいんです。

苦手なことは、「私は、それは苦手です」って言えばいいんです。

苦手というのは、できる、できない（評価を得ることができる、できない）ではありません。

苦手というのは、好きか嫌いかということです。

好きなことは、できることです。

苦手、できない・・・というのは、
それが好きではないというだけのことです。

できないというのは、あなたにとって必要ないことだからです。あなたの能力がないからできないのではありません。あなたにとって好きではないこと、それだけのことです。

好きではないことを一生懸命する必要はありませんね。そんなところに時間や力を注ぐならば、好きなことに注いでいたほうがいいんじゃないでしょうか？　そしたら、好きなこと（できること）がもっとできるようになります。できないことばかりに目をやるのではなく、できることをもっと楽しくやってください。

あなたにしかできない（誰かと比べるのではなく、あなたの

個性でしか表現できない）ことを、やってください。

それは、宇宙にひとつの個性なのです。

それは、素晴らしいあなたの能力なのです。

誰と比較することもできないんです。

あなたは絵が描けます・・・泳ぐことは苦手であってもいいんです。苦手ならば泳がなければいいんです。泳ぎが好きな人が泳げばいいんです。わかりますか？すべて何もかもできる必要はないんです。教育で、すべての教科に点数が付けられています。そして、すべてできるようになりなさいと教えられます。でも、そんなのは無理なのです。勉強ができても裁縫ができない人もいます。人を笑わせる、楽しませることは得意だけど、力仕事が苦手な人もいます。

それぞれの個性があるんです。

人を楽しませることができるのは素晴らしい能力です。力仕事が得意な人は、素晴らしい個性の持ち主です。計算が得意、語学が得意、文章を書くのが得意、植物を育てるのが得意、人の話をじっくり聞くことができる・・・。

すべて素晴らしい個性であり、素晴らしい能力なのです。計算も語学も文章を書くのも、植物を育てるのも、人の話を聞くのも、何から何までひとりでする必要はないのです。

苦手・・・好きではない。得意・・・好き。

それだけの違いです。能力や才能など関係ありません。

だから、あなたの好きなことをやってください。好きでもないことばかりに目を向け、私はできない、能力がない、頭が悪い、人より価値がない・・・などと思う必要はまったくないということです。そんなことで自信を失う必要はありません。

あなたには、たくさんできることがあります。

あなたにしかできないことがたくさんあるんです。

自信を持ってください。

セルフイメージを元に戻してください。

それには、自分を褒めることです。とにかく、どんなことでもいいです。

褒めて褒めて褒めまくってください。こんなこともできる私（俺）ってすごい！

小さな（とあなたが思う）ことでもいいですので、褒めるくせをつけてください。

ふと窓に映った自分の笑顔を見たら、こんなに素敵な笑顔ができる私（俺）ってすごい！って褒めてください。笑顔は、素晴らしい能力です。

あなたが笑顔になるとまわりの人たちも笑顔になるんです。あなたのエネルギーが、まわりの人を幸せにすることができるんです。その笑顔は、あなたにしかできない笑顔なんです。そんなにあなたは素晴らしい存在だということを思い出してください。

できないことではなく、できることに目を向ける・・・

そのために自分を責める、「私はできない」・・・という口ぐせから、「こんなこともできる私は、やっぱりすごい！」に変えてください。

自分を褒めることに慣れていないのならば、最初は冗談のように言うのもいいかもしれませんね（笑）。

「私（俺）はすごい！」っていうのが口ぐせになれば、本当に心の底から、「やっぱり私（俺）は、すごい！」って言えるようになります。

そうなれば自信がつき、セルフイメージが元に戻ります。自信がつけば、なんでもできるようになります。自信というのは自分を信じられることですから、何をしても大丈夫、自分にはできる、と本気で思えるということです。

思考が先、現実はあと・・・自分は何でもできると思えば、その思考が現実となって、やりたいことが、何でも現実になるのです。

チェンジ7

「私（俺）って、すごい！」を口ぐせにする！

自信がついたところで・・・
「仕事」をテーマに、ステージ5に入ります。
仕事で成功するためには・・・ね、興味をひく話題でしょう？
では、さくやさん、お願いします！

ちょっと口ぐせから離れるけどね。たとえばね、あなたが何かのセールスの仕事をしてるとするでしょ？　どうしたら一番売れると思う？

ゴリゴリ、ゴリゴリ押す？　しつこく何度もセールスをかければいつかは根負けして買ってくれると思う？

売れるときは売れるし、売れない時は売れないの。それをね、無理やり売ろうとするとね、反対にお客さんは逃げていくのよ。だって、無理やりでも買わせるぞ、っていうエネルギーはすごく痛いから。その痛いエネルギーから何とか逃げようとして、買うどころか、どうやって逃げようかとしか考えなくなるのよ。じゃあ、どうすれば売れるようになるの？

そう、まず自分が一番に、その商品のファンになること。それが好きでたまらなくなることね。そうしたら、売れるとか売れないとか考えるよりも先に、その商品について話がしたくて仕方がなくなるわ。まるで恋人の話をしてるかのように、その商品について話をしてるとね、人は聞いてくれるのよ。

売ろうっていうエネルギーを感じると、すごくイヤな気分になるんだけど、そうじゃなくて好きで好きでたまらないって感じで話をされると、自分もその商品について知りたくなってくるから、話を素直に聞いてくれるようになるの。そして、あなたが惚れ込んでいる商品を自分も使ってみたいって思うようになる。だから売れるの。

先に売ろう売ろうとするから売れないのよ。だから、自分が好きじゃない商品は売れるわけがないってこと。

すべてそうよ。別にセールスの仕事だけに関して言ってるんじゃない。すべての仕事についても同じこと。仕事は好きなことをしないとうまくいかないの。お金になるからって理由だけで仕事をしてもうまくいかないのよ。

同じ仕事をしていてもうまく行く人は、その仕事が好きだからなの。別に才能があるとか、口がうまいからとかじゃないってこと。どれだけその仕事を好きで楽しめるか・・・、これが大きな違いになる。たったそれだけなんだけど、ものすごく違ってくる。

もし成功してる人と、成功していない人の

才能の違いを教えてくださいって言われたら、
その仕事を好きでいられる才能が違うって答えるわ。
好きな仕事は楽しい。
仕事をしていることが楽しいから、結果にはこだわらない。

パンを焼くのが好き。だからどんどんパンを焼く。そして、もっと美味しいパンを焼きたいと思う。そうやってパンが大好きな人が焼くから、当然、そのパンは美味しくなる。だから人が欲しがって、結果売れるということになる。

これが、そんなにパンを焼くことは好きじゃないけど、お金が儲かりそうだからっていう理由でパン屋を始めるとするでしょ。儲けばかりを考え、売れる商品は何かばかりを考え、奇をてらった商品ばかりを考え、何とかお客さんの目に留まることばかりで、肝心なパンの味を考えなければどう？　誰も買わないわよね。

愛なのよ、愛のエネルギー・・・

それが成功の大きなカギだってこと。

その愛は、売り手の商品に対する愛だってこと。好きで好きで仕方がないって思って、大切に大切に楽しんで作っているものには、作った人の愛のエネルギーが乗るの。人はね、何も感じていないようでエネルギー的に、たくさんいろんなことを感じているのよ。

愛が乗ったものには、とても敏感に反応する。感動するの。

だから、欲しいと思うの。

感動しないものには、人は魅力を感じない。だから欲しいと思わない。

それなのに、とにかく強引に買わせようとするエネルギーを感じると、ぱったりと心を閉ざしてしまう。心を閉ざした人に何を言っても響かない・・・。だから売れない。

あなたが仕事でうまくいきたい、成功したいと思うのならば、

まずあなたがその仕事を好きになること。

その仕事を恋人のように思い大切にして愛すること。

それが一番なのよ。成功のためのテクニックなんていらない

わ。あなたの愛のエネルギーが乗っているかどうか・・・それがカギ！

愛がなくても成功することはあるかもしれない。でもそれは本当に一時だけ。一時的になにかの力（資本や宣伝）を借りて成功したように見えても愛のエネルギーが乗っていなけりゃ、結局は飽きられてしまうわ。その成功は長くは続かない。そういう例は知ってるでしょ？
人は愛のあるものにしか感動しない。そして、感動しないものは欲しいとは思わないから買わない。成功するには、人に感動してもらうこと。そのためには、自分自身が感動することね（好きになることね）。

チェンジ8「仕事でうまくいきたいなら・・・」

あなたが仕事でうまくいきたい、成功したいと思うのならば、まずあなたがその仕事を好きになること。

ミナミ：そりゃそうなんですよ、そりゃわかってますよ・・・でもねぇ、そう簡単には行かないわけでして、地球人としては・・・。

どうして？　好きなことを仕事にすればいい、それだけのことでしょ？簡単なことじゃないの？

ミナミ：でもね、好きなことが仕事になるとは思えないのよね。お金も欲しいわけで・・・。それには自分の好きなことばかりしてるわけにはいかないのよね。好きなこと、趣味？　が、そんなにお金になるとは思えないしさ。それに安定した収入にするのは、並大抵のことじゃないでしょ。毎月安定したお金を得るには、やっぱり会社とかに勤めて、そこからもらうのが一番よね。そしたら、好きだの楽しむだのって言えなくなってくるわけで・・・。

なら、好きな仕事ができる会社に勤めればいいじゃないの？　アクセサリーとかを作るのが好きなら、それを作ってる会社に勤めるとか。旅行が好きなら、旅行関係の会社に勤めるとか。いくらでも考えられると思うけどね。あなたたちはね、お金と好きな仕事を分けて考えすぎなのよ。仕事を選ぶときの基準が違うのよね。

まずお金ありきでしょ？　お金と条件が良いところって探すから、好きじゃない仕事につくことになるのよ。

先ず、好きなことに関連する仕事を探す・・・。

その中で、あなたの求める条件に近いところに決めればいいんじゃないの？


そしたら、好きな仕事で安定した収入を得ることができるようになるわよね。

そして、そこで自分の好きなこともスキルアップしていけば、自分で独立することもできる。それこそ自分の好きなことで生活することができるようになるんじゃないの？

ミナミ：そうか、そうだよね・・・そういわれれば、仕事と好きなことを分けて考えてる人って多いような気がする。保険のセールスしてる人がいるんだけど、その人、釣りが大好きなの。毎週のように海に釣りに行ってるのよ、釣りに関しては、ものすごく詳しくてね。でね、その人の口ぐせが、「いつかそのうち、海の近くに住んで釣り客相手に釣り船でもやりたいなぁ」・・・なのよね。こうやって改めて考えてみたら、いつかそのうちなんて言ってないで、すぐに始めればいいいんだわよね。実際釣り関係の仕事してみればいいいんだよね。

「いつかそのうち」・・・その言葉が動けない要因になってるってことなのよ。

さくやさん、何かまだ話したいことがあるようですね。

どうぞ続けてください！

いつかそのうち・・・

「いつかそのうちやるよ」・・・それは「やらない」って宣言してるのと同じ。いつかそのうちっていう時間はないのよ。決めなきゃ何も動かない。やるんだったら、いつやるって決めないと何も動かない。やらないなら、きっぱりとやらないと決めたほうが気持ちいいわよ。中途半端に、いつかそのうち、やる気になったらやる・・・なんて思ってると中途半端な現実しか出てこないわ。

やるの？ やらないの？・・・まずそこを決めることね。今はやらないっていう選択でもいいのよ。それは積極的に今はやらないって決めたってことだから、いいの。

でも、「いつかそのうち」って言葉は、今もやらないし、あとになってやるかどうかもわからない・・・。それはね、考えたくないってこと。自分でいろんなことを考えたくないってこと。自分で決めたくないってこと。自分で考えること、決めることをめんどくさがってると、自分で何もできなくなってしまうわよ。

自分で決めない限り、何も現実は動かないんだから。

そして、「いつかね」、「そのうちにね」・・・っていう言葉を口ぐせにしてしまうとすべてを後回しにしてしまうくせもついちゃう。後回しにしてしまうくせがつくと何も完成できなくなる。何かしたいと思ったら、いつどうやってするかを決めるしかない。

たとえば、仕事がすごくイヤでやめたいと思ってる。いつかそのうち機会が来たらやめてやる・・・って思ってても、そのいつかそのうちはこないから、いつまでも嫌だ嫌だと思いながらそこにいることになるの。わかるでしょ？

自分で辞める機会をつくらない限り、やめられないの。いつかそのうち誰かが、やめる機会をつくってくれるだろうからって待っていてもそんなことは起きない。いつかそのうち気が向いて仕事をやめようと思い立つかもしれないから、それを待つわって？　自分で決めない限りそんな気になることはない。いつまでも「いつかそのうち」って言いながらその仕事を続けることになるだけ。仕事をやめたいなら、いつやめるって決めないとやめられない。でも、さっきも言ったけど、今はやめないっていう選択でもいいのよ。

「いつかそのうち」って言ってるのと、「今は辞めない」って言ってるのと現実は何も違わないじゃない・・・結局は、仕事を辞めないってことじゃない、って思うかもしれないけど、それは大きく違うのよ。

「今は辞めないって」っていうのは、辞めることは決めているってこと。だから、いつもどこかで辞めることを意識してる。辞めるという方向にエネルギーがいくから、いつもどこかで辞めることを意識するようになり、いろんなことが考えられるのよ。どういう理由で辞めよう、とか、辞めたあとどうしよう、とか。

辞めた後、次の仕事はどうしよう、って考えることができるから、いろんな情報を集めることができる。はっきりと意識してなくても、求人情報に目がいったり、今とは違う仕事に興味を持ったりできる。そして、自分のやりたいと思う仕事を見つけることができて実際に辞めることもできる。でも、「いつかそのうち」って思うのは、辞めることも決めていないということだから、エネルギーがどこにもいかない。

エネルギーの方向が決まらないから、現実の方向性も決まらない。思考のエネルギーが決まらなければ、現実も決まらないでしょ。ただ漫然とエネルギーを放出していても、何も動かすことはできない。

「いつかそのうち」っていう言葉が口ぐせになってしまったら、

それをやめればいいだけのこと。

「いつかそのうち」って言いたくなったら、「いつする？」って口ぐせに変えればいいんじゃない？

「いつする？」って言葉を口ぐせにすれば、自分ですぐに決めることができるようになるわ。いつする？　って言葉が普通に口から出るようになれば、それに合わせて行動もできるようになるから、現実化も早くなるわよ。

チェンジ9

「いつかそのうち」って言いたくなったら、「いつする？」って口ぐせに変える。

ミナミさんの話から

少しテーマからずれたみたいですけど・・・

大切なことだから、ま、いいですかね。

では、元に戻しましょう！

では、ここで三択の問題です。

あなたは、会社の上司だとします。

部下が、任せていた報告書を持ってきました。

その内容を見て、あなたが思っていた内容と少し違うのが、

すぐにわかりました。

あなたは、部下に対して、どういう言葉を発しますか？

1. これ伝えていた内容と少し違うよね？
すぐに直して！

2. 何やってんだよ！　バカか、お前は！
使えない奴だな！

3. お疲れさま、ありがとう。いいね、よくできたな。
でも、ここが少し違うみたいだから直してもらえるかな？

選んだら次のページへ

アシュタールからのメッセージ

最初に肯定的な言葉で言ってもらえると、人は心を開いてくれます。

やり直してほしいところがあっても、まず最初にその報告書に対して、「いいですね」と言ってください。そしてその後に、あなたの意見を言ってください。

そうすれば、その部下の人は、あなたの意見を素直に受け入れてくれます。

最初から、これは違う、こう直しなさいと言われると自分の人格まで否定されたと思ってしまい、その部下の人はあなたの意見、アドバイスを素直に聞き入れられなくなってしまうのです。

誰でも褒められると嬉しいんです。
褒められると自信がつくんです。
自信がつくと、もっといろんなことをしてみようと思い、
たくさんのアイディアが出てきます。

部下の人たちが、たくさん面白いアイディアを出してくれるようになると、仕事もどんどん面白くなり、はかどるようになります。

結果、あなたにとっても素晴らしいことが起きるのです。

あなたもそうではないですか？　報告書を見てすぐに・・・なんだこれは、やり直せって言われたらどうでしょう？　ムカッとするし、やる気もなくなりますよね。

一生懸命作ったのに、やってられるか・・・って思いますよね。

仕事が楽しくなくなり、何のアイディアも出ないし、出そうとも思わなくなります。

反対に、「いいですねぇ、素晴らしいです」・・・ってまず褒める？　労をねぎらう？

言葉を言ってもらえると嬉しいですよね。

そして、そこでこうしたらいいんじゃないですか？　と言われても、そうか、そうしたら
もっと良い仕事になるよね・・・と積極的に仕事を楽しめるようになります。

楽しんでいると、たくさんのアイディアが出てくるので、もっと面白い仕事ができるよう
になるんです。

まず褒めてください・・・あなたの存在に感謝し、あなたの
意見を尊重します・・・というエネルギーで対応してください。

そうすれば、人間関係はスムーズになるのです。

無理に褒めてくださいと言っているのではありません。

ただ、褒める言葉だけでいいんです。「いいですねぇ、素晴らしいです、素敵ですねぇ」・・・こういう言葉をいつも口に出していると、相手の良いところにフォーカスすることができるようになるんです。

相手を尊重し、大切に思えるようになるんです。

「バカ野郎」・・・って言葉を先に出すと、あなたの心が荒れますので、そういう荒れた目（心）でしか相手を見られなくなってしまい、粗捜しばかりになってしまうのです。

粗捜しばかりする人と誰も仲よくしたいとは思いませんね。

だから、人間関係がうまくいかなくなるのです。

でも、最初に相手を褒める言葉を出すと、次に「バカ野郎」とは言えなくなります（笑）。

ちょっとやってみてください。

どうですか？・・・「素晴らしいですねぇ、いいですねぇ・・・

このバカ野郎がぁ～」・・・とは言えないでしょ？


それは、エネルギーが違うからです。軽いエネルギーを出していると、重いエネルギーの言葉が使えなくなるからです。

まず、あなたのエネルギーを軽くする意味でも、

最初に出す言葉に注意してください。最初に軽いエネルギーを乗せた言葉を口にする習慣をつけると、あなたのまわりが変わります。楽しくなります。言葉ひとつで、あなたのまわりを大きく変えることができるのです。

これは、会社などの人間関係だけの話ではありません。
パートナー、恋人、親子・・・どんな人間関係においても同じです。
そして、あなた自身に対しても同じです。
自分を責めるような言葉ではなく、褒める言葉を使ってください。

そうすればあなたの中が変わります。自信がつき、楽しくなります。

まずは言葉だけからでも変えてみてください。

「ダメじゃないか?」・・・と言うよりも、

「素晴らしいですね、いいですね、素敵ですね」・・・という言葉に変えていってください。

すべてが気持ちよく変わって行きます。

チェンジ　10

「素晴らしいですね、いいですね、素敵ですね」・・・という言葉を口ぐせにする!

これで、ステージ5を終了します。お疲れさまでした。
次のステージに進む前に
コーヒーブレイクをとりましょうか？
あ、コーヒーが苦手な方は、他の飲み物を
ご用意してくださいね。お酒がいいですか？（笑）
それと筆記用具をご用意してください。

では、ステージ6に入る前に課題です！

あなたが、今抱えている心配事を、
思いつくだけ書き出してください。
数の制限は、ありません。

書き出し終えたら、次のページにお進みください。

ステージ6

ここからは、生活がテーマです。
心配事を書き出してもらいました。
では、さくやさんお願いします！

臨機応変よ。

そのときそのときに考えればいいの。

だって、何が起きるかなんて誰にもわからないでしょ？
今この次の瞬間だって、何が起きるかわからないわ。

今地震が起きるかもしれない。
飛行機に乗れば墜落するかもしれない。
銀行がつぶれるかもしれない。
電車が止まって何時間も缶詰になるかもしれない。
勤めてる会社が倒産するかもしれない。
仕事を首になるかもしれない。

何か大きな病気になるかもしれない。
事故に遭って下半身不随になるかもしれない。
天変地異が起きて食べ物がなくなって、みんなが餓死するかもしれない。
詐欺で騙されて、持っているお金全部なくすかもしれない。
戦争が始まるかもしれない。
雷に打たれて死ぬかもしれない。
・・・あとは何？　どんな心配事がある？
考えだしたら切りがないと思うけど、まぁ、ろくでもないことしか考えないわよね。
それが心配事なんだから（笑）。

でもね、今それを心配しても仕方ないって思わない？　心配したらそれが起きないっていうなら、いくらでも心配すればいいと思うわ。でも、心配してもしなくても起きることは起きるし、起きないことは起きない。死ぬときは死ぬし、死なないときは、どんなことが起きても死なないの。

いくら準備してたとしても、それが役に立つとは限らない・・・って
いうか、ほとんど役に立つことはないいんじゃない？

地震がくるかもしれないから、二、三日困らないくらいの物を袋に詰めて準備しておくとするでしょ？　でも、どこで地震に遭うかもわからないわけだから、その袋が、好都合に自分の手元にあるかどうかもわからないわよね。袋のある場所にいないかもしれないし、袋が何かの下敷きになってしまって手にすることができないかもしれない。袋があるから完璧だということもない。足りないものは、足りないなりにどうにかするしかない。だったら、最初から袋を用意しても仕方ないと思うけど。そのときに何が必要かわからないいんだから、準備のしようがないいんじゃないの？

そのときに必要なものを、そこで手に入れるしかない。
それこそ臨機応変に考えるしかないの。

たとえば怪我をして包帯がいるとする。でも、包帯はない・・・じゃあ、包帯にできるものを見つけてくればいい。

ここで、どれだけ臨機応変に考えられるかが問題になってくる。あまりにもガチガチに準備するくせがついてしまうと、この臨機応変力がなくなってしまうのよね。

包帯は包帯でなければいけない・・・他の物では対応できない・・・って頭から思い込んでいたら、包帯ばかりを探すようになってしまって、他に何か対応できるような布はないか？っていうところに気が行かなくなってしまうの。杓子定規に陥ってしまって、臨機応変に考えられなくなっちゃう。

今、地震みたいに普段とは違うシチュエーションで話をしたけど、普段だってそうよ。しっかりと計画を立てて仕事をしていたとするでしょ。その仕事で考えてもいなかった（想定外の）トラブルが起きたとき、あまりにも最初の計画に固執してしまうと、慌てふためいて何も考えられなくなってしまう。ある程度の計画は必要かもしれないけど、計画は計画・・・どうなるかわからない・・・くらいの軽い気持ちでいれば、何かが起きてもそれは計画のうちって思える。そうなれば、そのときにどうすればいいかのアイディアが出てくるわ。

言ってる意味わかるかしら？
どうしてもこうでなければいけない・・・って、そこから離れることができなければ、柔軟なアイディアは出てこないってこと。この目的地に着くためには、この道しかないって思い込んでいたら、その道が何かで通行止めになってしまったときに、どうすればいいかわからなくなるでしょ。でも、別に違う道でも目的地に着ければいいんだからって思えるのならば、他に通れる道はないか探す余裕もできる。とにかく言いたいのは、

ガチガチに計画を立てないってこと。
何も起きていないときから、勝手にいろんなことを想定して
準備をしない方がいいってこと。

何か起きたら、そのとき考えればいい・・・って思ってゆったりと構えておいたほうが、
かえって何も起きないのよねぇ。
だって、この本のテーマ・・・思考が先、現実はあと・・・を思い出してみて。
思考したことが現実になるんでしょ？

ならば、心配ばかりして、その心配に対して準備万端整えるとどうなる？ そうよね、その思考が現実になっちゃうってこと。
心配して、準備してたことが現実になっちゃうの。

あ〜〜、やっぱり心配してたことが起きたわ、
準備しといてよかったぁ〜・・・じゃなくて、準備してたから起きたの。

これが、波動エネルギー。

だから、起きてもいないことを心配して準備しないほうがいいのよ。
そして、起きるときは起きる、起きないことは起きない！
もし何か起きたら、そのとき考えればいい！

飛行機が落ちて無人島に流れ着いたら、そのときどうやって生き延びればいいか考えればいいってことよ（笑）。
飛行機に乗る前から無人島に流れ着いたときのためにシミュレーションする？（笑）
そんなナンセンスなこと考えて飛行機乗らないわよね。
程度の差はあれ、あなたが心配してることは、
それと変わらないってこと。

何か起きたら、そのとき考えよう！

これでいいんじゃない？

臨機応変・・・

あなたには考える力があるんだから！

チェンジ　11

「何か起きたら、その時考えよう！」・・・

を口ぐせにする！

何か起きたら、そのときに考えればいい・・・
人間、生きていると、必ず何か起きるものです。
起きることは、起きるんです！
その起きたことをどう捉えるのか？
それは、人それぞれだと思います。

では、ステージ7です。ここで三択の問題です。
「運がいい」とか、「悪い」とか、人は時々口にするけど・・・
という歌詞がありますが・・・
あなたは、自分を振り返ってみて、どう思いますか？

1. すごく運がいい人間である。
2. そこそこ運は、いいかな・・・と思う。
3. ホント私って、運が悪いのよ。

選んだら次のページへ

3を選んだあなた。

「ホント私って運が悪いのよ、ツキに見放されてるっていうか、運の悪い星の下に生まれてきたっていうか・・・」って、いつも思ってるでしょう？

「そりゃツイてないわ、そりゃ運が悪いわ、そりゃ仕方ないわ」

「そんなに言わなくてもいいじゃないのよ！」って怒ってる？

だってそうでしょうが、自分で「運が悪い」だの、「ツイてない」だの、あげくの果ては「運の悪い星の下に生まれてきた」だの言ってりゃ、ツクわけがないでしょうが。

思考が先、現実はあと・・・自分は運が悪い、何をやってもうまくいかないって思ってれば、そういう現実になるのは当たり前でしょ。・・・っていうか、あなたたちは、よくその「運」っていう言葉を使うけど、そもそも運って何なの？　運命ともいうけど・・・、それって結局人のせいにしてるってことよね。人っていうか、人知を超えた何かすごいパワーのせいにして、自分は何も悪くないって言いたいだけでしょ？

そんな人任せなこと考えてるから、自分の好きな現実を創造できないのよ。こんなに酷いことが起きるのは、神さまが私を見放したから？？


バカなこと言ってんじゃないわよ・・・いい？

あなたが見ている現実は、あなたの思考が反映されただけのことなの。誰かが、あなたの現実を創っているわけじゃない。そこを見て見ぬふりして誰かのせいにしてれば楽よね・・・自分で考えなくて済むんだから。自分を悲劇のヒーロー、ヒロインにして、かわいそうな私って被害者になってればいいんだから。

でもね、被害者でいたら、ずっとそこから出られないのよ。ずっと死ぬまで、運が悪い星の下に生まれてきたかわいそうな人の現実を体験することになるの。

それでもいいなら、私は別に構わないけど（あなたの自由だから）、でも、それがイヤなら人のせいにしないことね。

でも、どうやっても変えられない運命もあるでしょ、って思う？

たとえば、容姿とか家柄とか両親とか・・・それだってね、自分で選んできたのよ。一番最初に、あなたはこの惑星テラに遊びにきたのよ・・・って言ったでしょ。そうなのよ、遊びにきたの。何して遊ぶか決めてきたの・・・。

そして、そのための遊び道具を持ってきたの。公園の砂場で遊びたいと思ったらシャベルとかバケツとか用意するでしょ・・・そんな感じ。

たとえば、アスリートの経験を楽しみたいって思ったら、アスリートに向いた身体を選んでくるってこと。望むような身体の遺伝子を持った両親を選んで、産んでもらったってことなの。

アスリートだって種目によっていろいろあるでしょ。走るのがメインならば速く走るのに適した身体、柔道なら柔道に適した身体がある。

身体だけじゃなくて家庭環境もそう。

温かい人との交流を楽しみたいと思って、大家族の家に生まれることを選択したかもしれない。反対に愛を知りたいと思いながら、まったく愛の交流を持てない家族の中に生まれる選択をすることもあるのよ。愛のない家族の中で育ちながら愛を見つける経験をしてみたい・・・愛のない家族を反面教師にして、愛を見つけるぞ、っていうテーマで遊びたいと思い、そこを選ぶこともあるの。自分で自分の遊びを楽しむために、自分で選んだ身体であり、環境だということ。

ここがミソよ・・・両親が勝手にあなたを産んだんじゃなくて、自分でお願いして産んでもらったのよ。ここを間違うと訳がわからなくなるから注意してね。

もし、今あなたが自分の容姿なり、環境なりに文句があるなら、それは自分が本当にしたかった遊びを忘れてしまったから。どんな洋服でも着こなすスリムなモデルになりたいのに、こんなに力強い体つきに生まれた・・・あ〜、なんて私はツイてないの、運が悪いの・・・って思う前に、本当に自分はモデルになりたくて来たのかを考えてみたら？

モデルは格好いい、みんなから注目を浴びる・・・という今の社会的な視点から、ただ憧れてるだけじゃない？　この身体が悪いんじゃなくて、どうしてこの身体を望んだんだろうか？　って考えられたら視点も変わると思うけど。ただただ、運が悪いって嘆いて被害者になることはなくなるわ。

そしてね、自分がテラでやりたかったことを見つけてそちらにいき始めるとね、びっくりするくらい、いろんなことがスムーズになるのよ。何もかも必要なものが一番いいタイミングで用意されていくのがわかるくらい、驚くくらいすべてがうまくいくの。

そして、すごくワクワクして楽しくて仕方ないのよね。ツイて、ツイて、ツキまくるみたいな感じ（笑）、反対にね、そうじゃないときはうまくいかないことが多い。

そういう時は、それは自分の遊びじゃないって思ったほうがいいかな。

だからあなたに関することすべて、自分で決めてきたってこと、誰かあなた以外の存在（神さまみたいな人知を超えた存

在）に決められたわけじゃないってこと・・・。

ここをおさえておいてね。それから、ツイてないっていうのも同じようなものね。そのときはツイてないって思うことでも、長い目で見れば、良かったって思うこともたくさんある。

たとえば、事故に遭うとする。それはツイてない出来事に見えるわよね。でも、運ばれた病院で素敵な人との出会いがあって、その人と結婚することになった。そしたらどう？ツイてないと思った出来事が、めちゃめちゃツイてる出来事に思えるでしょ？

でもその後、その相手にものすごく借金があったことがわかった。また、なんて私はツイテないんでしょう・・・と思うかもしれないけど、その借金を返すために始めた仕事がものすごく当たって、お金持ちになれた・・・あのときの借金がなければ、その仕事はしなかったから、お金持ちになった今から見ればツイてた出来事だった。

こんなものよ・・・こちらから見たらツイてないけど、違う角度から見ればすごくツイてたってこと。どこを見て、ツイてるだの、ツイてないだのって判断するかだけのことなのよ。そしてね、ここもまたミソなんだけど・・・。

ツイてないところばかり見て、私はツイてないっていう言葉を繰り返していると、実際にツイてない現実ばかりを体験するってこと。

もう一度言うけど・・・思考が先、現実はあと。
ツイてないという思考ばかりしてると、それが現実になるってこと。
でも、じゃあ実際にツイてないと思える出来事が起きたときに、どうしたらいいのよ・・・っていうことだけど、次を楽しみにすればいい。あ、今ツイてないみたいに見えるけど、でもこの後きっと何かとんでもなくツイてると思えることが起きるのよね。この出来事は、ツク前兆なのよ・・・って思えばいい。この後どんなことが起きるのか楽しみだわ〜ワクワク・・・ってね。考え方ひとつで、まったく違ってくるのよ。

だから、「運がない、ツキがない」・・・なんてことを口にするのは止めて、何か起きたら・・「あ、ツク前兆だわ、ラッキー、運が良いわ、楽しみだわ～」っていう思考をくせにすればいいのよ。
楽しくなるわよ。

チェンジ　12

「あ、ツク前兆だわ、ラッキー、
運がいいわ、楽しみだわ～」・・・
を口ぐせにする！

ジンクス、縁起を担ぐ

それからあなたたちの行動の中に、ジンクスや縁起を担ぐっていうのがあるみたいだけど、それもいいと思うわ。たとえば、この道を通ってから試合に行くと勝つ、みたいなこと。たとえば、黄色い財布を満月の夜にフルフルと振ればお金が入ってくる・・・とか（笑）。

また同じことを言うけどね・・・

思考が先、現実はあと・・・だから、本当にそのことを信じ込むことができれば、それが本当になるのよ。

同じように黄色い財布を買って月に向かってフルフルと振っても、お金が入ってくる人とこない人の違いは、ただそれを信じ切れるかどうかってことだけね。

身体だって同じことよ。私の身体はこうすれば良くなるんだって思い込むことができれば、本当にそのやり方でよくなるの。プラシーボ効果って知ってるでしょ？
薬効はないけど薬に似た粒を飲むことで、患者がそれを本当の薬だと思い込めば、本当に薬を飲んだのと同じ効果が出るの。あなたたちのことわざにもあるでしょ、イワシの頭も信心から・・・って！

どんなことでも思い込んだら、それが現実になるってこと。それが自分にとって良いことでも悪いことでもね。これよ・・・良いことも悪いことも・・・っていうのも大事なことよね。

あなたたちは、悪いジンクス、縁起が悪いことばかりを見てしまうの。これをしたら悪いことが起きるとか、ここでデートをするとそのカップルは別れるとかね。そんなのは信じる必要はないの。別れるカップルは、どこに行こうが別れる、別れないカップルはどこに行っても大丈夫！　って思えばそんなジンクスは効力をなくすわ。

あなたにとって都合の悪いジンクスなんて、信じなければ、それは現実化しないってこと。

だから、反対に自分にとって良いことが起きるジンクス、縁起ものをたくさん持っておけばいいんじゃない？　この靴を履いたら、なぜだか仕事がうまくいく、って思える靴があれば、大事なここ一番の仕事のときに履いていく。この靴さえ履けば百人力、絶対大丈夫って思えれば、本当に絶対大丈夫なのよ。絶対うまくいく現実を創造できるの。でも信じ切らないとダメよ。本当かなぁ〜な〜んって、ちょっとでも疑ってると、その思考がせっかくの現実を止めてしまうから。

だから、何かを信じるときは素直になることね。素直になって、信じ切ることが一番よ。信じさえすれば、それは本当になる！　どんどん使えばいいと思うわ。

いよいよステージ8に入ります。

ここでは、普段何気なく使っている言葉に焦点をあててみます。

「もう年だから」・・・

どうですか？　あなた、よく口にしていませんか？

さくやさん、これってどうなの？

「もう年だから」・・・

っていう言葉を口ぐせにしちゃうと
本当にどんどん老けてしまうわよ。
身体はね、思考エネルギーでどうにでもなるの。
身体はね、あなたの思考が創っているの。

だいたいねぇ、いくつから〝もう年〟って言われる年齢になるの？

もう二十歳だから、十歳の子たちのようにはいかないわ・・・って？？

三十歳だから、二十歳のころのようにはいかないわ・・・私も年をとったわ・・・って？？

三十歳？　四十歳？　五十歳？・・・そんな線引きはおかしいわよね。

もう年・・・って、誰と比べてなの？

どんな基準があって、もう年・・・って言ってるの？

三十歳の人が、私はもう年だからって言ってるのを五十歳の人が聞いたら、まだ若いのに何言ってるのよ、って思うでしょ？　じゃあ、五十歳の人が、もう年だからって言ってるのを七十歳の人が聞いたらどう？　同じように言うんじゃない？

いい、今が一番若いのよ・・・だったら、一番若いときを楽しめばいいんじゃない？　もう何歳だから・・・もう若くないから・・・もう年だから・・・数字だけで決めるなんて、なんてナンセンスなのかしら？

あなたのまわりの人をちょっと見てみて。同じ年齢くらいの人でも、すごく若くて生き生きしている人もいれば、年より老けている人もいるでしょ？　その差はなんだと思う？

そう、口ぐせ。
もう年だから・・・って口ぐせのように言ってる人は、本当に老けてる。そう思わない？

年のことなどまったく気にせず、好きなことをしたり、いつもチャレンジしている人は、とても若々しくて生き生きしてるわ。

これは余談になっちゃうけど。最近は、小学生でも老けてる子がいるわよね。なんだか死んだ魚の目のようなドヨ～ンとした目をしてる。それはね、人生が楽しくないからよ。無理やり学校にいかされ、朝から晩までつまらない授業を受けさせられ、今を楽しむことより将来のためだと言われて、寝る時間を削ってまで勉強させられて。何のために生きてるのかわからなくなってしまってる子が多いのよね。そんな人生を生きている子どもの身体は、柔軟性がなくなって、とても子どもとは思えないような身体をしてるわ。

話しがずれちゃったから元に戻すけどね。数字の年齢じゃない。自分で年だからって認めた、諦めたときに老けるの。気持ちが若い人は、身体も若い。見てるとわかると思うわ。気持ちに張りがあると、肌にも張りが出てくるの。そして、楽しいことをしていて目がキラキラしていると、とても魅力的に見えるのよ。よく笑う人は、いつまでも元気で若い。

反対に、いつもしかめっ面をして、否定的なことばかり言う人は老けた印象が強い。

もう年だから・・・っていう言葉は、自分の可能性を否定する言葉だから、その言葉をいつも口にしてると、どんどん老けていくってこと。

じゃあ、「私はまだまだ若い」・・・って、口ぐせにすればいいの？　って思うでしょ？

でもね、その言葉も裏返せば、年を取ってるけどまだまだできるって言ってるのと同じだから、「もう年だから」と変わらないのよね。

年齢なんて何も気にしなければいいのよ。

今、したいこと、やりたいことをすればいいだけ・・・。

今が一番若いんだから。

年齢を人と比べるから、もう年だから・・・ってことになるの。人と比べて何がわかるの？　さっきも言ったけど、三十歳の人と五十歳の人と比べてなになるの？

年齢で何かが決まるの？　体力的なことが違うから？　年をとると体力がなくなっていくから？　それは、自分がそう思い込むから。そう思い込まされてしまっているからなの。

だって、九十歳の人でも山登りしている人がいるでしょ？　スキーしてる人もいるわ。それは、その人が特別な身体をしてるから？　超人だから？　そうじゃない。その人が年だからって諦めてないからよ。やりたいって気持ちに正直で、自分はできると信じてるから。だからできるの。もし、あなたが年をとればボケるって信じてたら、本当にボケるわよ。同じ年齢でもボケる人とボケない人がいる。それはどうしてかわかる？　年をとればボケると思い込んでる人はボケるし、私はボケないって信じている人（ボケることを受け入れてない人）はボケない。でも、ボケるって言葉、本当にイヤな言葉よね。

どうして最近そんなにボケる人が多いの？　ちょっと昔には、そんなにいなかったわ。それはね、年をとればボケるって刷り込まれてしまったから。テレビを観れば、新聞を開けば、雑誌を読めば、いたるところに痴呆症（いわゆるボケ症状）について詳しく書いてあるでしょ。

おまけに、チェックシートなんかあったりして。「この項目の中で何点以上当てはまるところがあれば、痴呆がはじまっている可能性があります。お医者さんに一度相談してみましょう」ってね。

そして、みんな一生懸命そのチェックシートをやって、不安になったり安心したり。そんなチェックシートなんてあてにならないわよ。まったく当てはまらない人なんていないように作ってあるんだから。みんなが不安になるように、意図して作ってるんだから。

今はボケるということで例に出して話をしたけど、病気もそうなのよ。

病気になると思えば、自分のその思考が身体を病気にしてしまうの。

この話を始めると、とても長くなってしまうから、
思考エネルギーが自分の身体にどう影響するのかを詳しく知りたい人は、

「夢を叶えたいなら、その夢に「名前」をつければいいんです。」の中の「夢　急の章」

を読んでみてね。


思考エネルギーがあなたの身体を創っているってことを忘れないでね。

思考が先、現実はあと・・・

「もう年だから」・・・という口ぐせが、あなたを老け込ませるの。

だからね、もしまわりの人たち（家族、親戚、友達、など）にいつまでも元気で若々しくいてほしいと思うなら、その言葉「もう年なんだから」をその人たちに投げかけないでね。

あなたが発するその言葉で、その人は老けてしまうのよ。

もしあなたが・・・誰かに「ボケるよ」、「ボケたんじゃない？」って言い続けたら、本当にその人はボケちゃうわよ。気をつけてね。

そして、自分も老けたくなかったら・・・

「もう年だから」・・・って言葉を使わないことね。

チェンジ　13

「もう年なんだから」・・・この言葉はやめる！

ダイエットしたかったら・・・

「私って、水を飲んでも太るのよねぇ、困ったものよ！」

な〜んて言葉、使ってないでしょうね？

え、使ってるの！　そんなこと言ってるから、本当に太るのよ。別に私は、太ってることが悪いことだなんて、まったく思わないんだけどね。反対に、どうしてそんなに太ることを怖がるのか？　そっちのほうが不思議で仕方ないわ。まぁ、マスコミなどのミスリードで痩せてる人のほうが素敵って、思わされちゃってるんだろうけどね。

それはそうとして・・・痩せたいと思うんだったら、太るほうにフォーカスしないほうがいい。

「これを食べたら太る」、「この時間に食べたら太る」、「あ〜、また食べちゃったぁ〜」

・・・いつもいつも「太る、太る」って繰り返してるから、だから何を食べても太るのよ。
思考はエネルギー・・・思考が先、現実はあと。

「私は太る、食べたら太る、飲んだら太る、何をしても太る」

ずっと、自分に太る、太るって暗示をかけてるんだから、そりゃ太るわよ。身体もエネルギーでできてるんだから、思考のエネルギーでどうにでもなるのよ。思考のエネルギーが、ずっと太る、太るって言い続けてるんだから、身体のエネルギーも、それに共振して太る方向へ行くのは当然よね。「太る太る」を口ぐせにしてるんだから、太っても仕方ないわ。

なら痩せるところにフォーカスしていけばいいんじゃない？　じゃあ、「私は何を食べても痩せる」って言えばいい？？「食べたら痩せる、何もしなくても痩せる」って（笑）。

そんなの無理よね。だって、気持ちがついていってないもの。自分の気持ちがウソだってわかってることを、百万回繰り返しても何にもならないの。それにね、「痩せる、痩せる」

っていう言葉の裏には、太りたくないっていう気持ちがあるでしょ？　それは結局、太るということにフォーカスすることになっちゃうから、「痩せる」という言葉を口ぐせにしても、言葉が違うだけでフォーカスするところは同じことになるのよ。
「太る」って口ぐせはダメ、「痩せる」って言い続けてもダメ・・・。
じゃあ、どうすればいいのよぉ〜って思ってるでしょ？

何のために痩せたいのか？　どのくらい痩せたいのか？
そこにフォーカスすればいいのよ。

目的もなく、ただマスコミなどに煽られて痩せようとするから痩せないんだから。ただ太ってると格好悪い、病気になりやすい、っていう理由だけでは、本気になれないでしょ。

本気にならないと感情が動かない・・・
感情が伴わない思考は、現実化しにくいのよ。

この服を着てあの人とデートしたい。これだけでもずいぶん違うでしょ？　本気になるでしょ？　エネルギーを流す方向が決まれば、すぐに現実化し始めるの。自分でそれをやめない限りはね。だから、「太る、太る」って思うんじゃなくて、「この服を着る」・・・っていうところにフォーカスを持っていけばいいってこと。

フォーカスを変える。これって大事なことなのよ。
そのフォーカスを変えるためには、言葉を変えることも効果的よね。
「太りたくない、痩せたい」っていう後ろ向きな言葉より、
「この服を着てあの人とデートしたい」っていう積極的な言葉の方が
思考のエネルギーに楽しい感情が乗るから現実化しやすいってこと。
ダイエットしたければ、「太る」という口ぐせはやめて、
はっきりとした目的を決めればいい。

チェンジ　14

ダイエットしたければ、「太る」という口ぐせはやめて、はっきりとした目的を決めればいい！

ステージ9は、
はじめにアシュタールからあなたに
お話ししたいことがあるみたいです。
では、アシュタールからの質問です！

あなたは、悪気なく素直に口に出した言葉で人を怒らせてしまいました。
さぁ、どうしましょう？

1．訳がわからないけど・・・
怒らせてしまったのは事実だから、とにかく謝る。

2．怒ってるのはわかったけど、気がつかないふりをして
そのまま話を続ける。

3．用事を思い出したふりをして、そっとそこから離れる。

4．気にしない。

選んだら次のページへ

気にする必要はありません。怒らせたのは、あなたではないのですから。たしかに、あなたが言った言葉がきっかけで、その人は怒ったかもしれません。でも、それはもともと、その人の中に怒るタネがあったからなのです。

同じことを、同じ口調で言ったとしても、その人の中に怒るタネがなければ怒らないです。

たとえば、「可愛い目をしてらっしゃいますね」と言ったとします。ひとりの人は、自分の目が小さくてイヤだというコンプレックスを持っていたとします。そしたらその人は、可愛い目＝小さな目だと思い、目が小さいとバカにされたと思い、あなたにバカにしないでくださいと怒ります。

もうひとりの人は、自分の目に何もコンプレックスを感じていないとします。その人は、「可愛い目」という言葉を聞いて怒るどころか喜ぶのです。バカにされたとは思いません。

反対に褒められたと思えるのです。


わかりますか？　こういうことなんです。

同じ言葉でも、聞く人の中にタネがあるかどうかで反応は変わってくるのです。

だから、あなたが口にした言葉で誰かが怒ったとしても、それはあなたの責任ではないということになります。


ですから、気にする必要はないのです。

「あぁ、何かタネがあったんだなぁ」って思えばいいだけのことです。そして、もしまた話す機会があったら、その言葉や話題に触れなければいいだけのことです。


反対のことも言えます。

あなたが誰かと話をしていて、とてもイヤなこと、腹が立つことを言われたとします。

それは、その人が悪いのではなく、あなたの中に、その言葉に反応するタネがあっただけのことです。

ですから、その人に対して怒るのではなく、タネを教えてくれたことに感謝してください。なぜなら、あなた自身、あなたのタネが反応する言葉をあらかじめ知っておけば、事前に対処することができるからです。

もし、「めんどくさい」という言葉を聞くと、なんだかムカムカするということがわかっていれば、まわりの人たちに先に知らせることができるのです。私は、なぜかわかりませんが「めんどくさい」という言葉がイヤなのです。聞きたくないのです。だから私の前で「めんどくさい」という言葉を使わないでいただけると嬉しいのですが、とお願いすることができます。

そのような話をしておくと、まわりの人も、あなたのタネを不用意に刺激することもないし、あなたもタネを刺激されて腹を立てることもなくなります。お互い気持ちよくいられるというわけです。

そして、自分のタネがわかるとそれを手放すこともできるのです。ただ、タネがある、それを知るだけで、それを手放すことができるのです。

タネの存在が分からないときは、手放すことはできないのです。何でもそうですね。わからないものは、どうしようもありません。どこになにがあるかわかるから、それをどうにかすることができるのです。そこで、そのタネの発祥（いつどこで、そのようなコンプレックスを持ってしまったのか？）などを探る必要はありません。

ただ、それが自分のコンプレックス、もしくは過去の記憶を刺激するんだな、と気付くだけで、それを手放すことができます。

ですから、何かを言われて腹が立った、嫌な気持ちになった、というときは、それを手放すチャンスだと思ってください。それを教えてくれた（言ってくれた）人に感謝してください。

ただ、今お話ししたのは悪気なく、ということが前提です。その人のタネを知っていて悪気を持って言葉を出す、というのは違います。それは別の話です。

悪気があって口にした言葉には、そのエネルギーが乗りますのでわかります。
そして、そのエネルギーに対しては、同じような対立のエネルギーが返ってきます。
わかりますね。

あなたが素直に思ったことを言って、相手が怒ったとしても
それはあなたの責任ではありません。そこは考えなくていいんです。

チェンジ　15「そこは考えなくていいんじゃない」・・・
を口ぐせにする！

「私は正しい、間違えてるのはお前だ！」

だいたいケンカのときって、この言葉が出るじゃない。
どんなケンカも突き詰めていけば、これが原因なのよね。

ケンカってね、結局は自分の正当性を主張し合ってるだけのこと。一生懸命、自分が正しいんだって主張し合ってるだけなのよ。

言っちゃえば、すごく不毛なことをしてるのよね。だって、人それぞれの考え方があるわけでしょ。百人いれば百の考え方がある。
そして、みんな自分の考え方が合ってる（正解）と思ってる。百人いれば、百の正解があるってこと。正しいって、いくら主張してみても、考え方が違う者同士、いつまでたっても平行線よね。いつまでたっても平行線なものだから、最終的には力技になって、力が強いほうが弱いほうをねじ伏せるって形で決着をつけるしかなくなる。

腕力の力もそうだけど、権力という力もあるわね。上司はその権力で部下の主張をねじ伏せ黙らせる、もしくは謝らせるってこと。そんなことをしても、その部下は納得しないから不満ばかりが募る。だから、良い関係ではいられないわよね。

ねじ伏せたほうは、気持ちはすっきりするかもしれないけど、ねじ伏せられたほうは、いつまでも根に持つことになるのよ。そんなやり方で気持ちの良い関係をつくることなんて無理よね。上司と部下だけじゃないわよ。パートナーもそうだし、親子の関係もそう。

力の強い人の意見ばかりが通るようになると、とても風通しの悪い、気持ちの悪い環境になってしまうわ。今のあなたのまわりは大丈夫かしら？　みんな気持ちよく楽しくいられてる？　もし、あなたがあまり楽しくないと思ったら、ちょっと考えてみて。自分は誰かを力でねじ伏せてないかなって。自分は誰かにねじ伏せられてないかなって。

もし、ねじ伏せてるって思うことがあるなら、やめたほうがいいわよ。そのときは、ねじ伏せてそれで終わりだと思っていても、そのときの歪みがあとから出てきて、もっと大変なことになるからね。

たとえば、子どもたちの家庭内暴力っていうのもその歪み。親の力でねじ伏せられて、自分の意見を聞いてもらえなかった子供の堪忍袋の緒が切れた状態が、家庭内暴力や引きこもりになってしまうの。親は、自分にはたくさんの人生経験も知識もあると思い込んでる。だから、何も知らない子どものためにと思って、自分が正しいと思うことを押し付ける。常識や道徳観や倫理観など。正しい道を教えてあげなければいけないと思い込み、自分の考えばかりを押し付ける。それは、しつけや教育ではなくて、自分の考えを押し付けてるだけだということがわかれば、子どもとの関係も良くなるわ。

子どもには子どもの考えがある。親子だといっても、それは別物。時代や環境が変われば、常識や道徳や倫理観も変わるのよ。それを、自分の常識や道徳観や倫理観は絶対だとして、子どもに押し付ける。違うのよ。常識は変わるの。道徳観や倫理観も親子でも違うの。

それを同じだと思い込んでしまうところに無理があるの。

国によって習慣や風習は違うでしょ。同じ日本でも地域によって習慣や風習も違うことも多いでしょ。違う場所に行けば、あなたの常識は、非常識にもなるのよ。それと同じだと思えば理解してもらえると思うんだけど。

家庭内暴力や引きこもりになってしまった子どもに、親の育て方が悪かったからだと言うけど、育て方が悪かったんじゃなくて、親の考えばかりを押し付けてしまったからだってことなのよ。力の強い親にねじ伏せられて、自分の考えを聞いてもらえなかったら、そりゃ今度は違う方向で主張するしかなくなるでしょ。

自分も力技で主張するか、まったく交流を持たないことで自分の存在、意見を主張するか・・・。

もし、あなたが子どもや部下に「私が正しいんだから、黙っていうことを聞きなさい」という言葉を発していたら、やめたほうがいい。あとから歪みが出てくるから。

そして、もしあなたがいつもねじ伏せられている立場なら、そこから逃げたほうがいいわね。ずっとそれを我慢していると、身体を壊すわよ。子どもが家庭内暴力や引きこもりになってしまうのと同じこと。不満のエネルギーが溜まりに溜まって耐えられなくなると爆発する。抑えつけて気がつかないふりをしていても、不満のエネルギーは溜まり続けているの。それが限界にくると、自分でも思いもよらない行動に出たりする。外に出ると、それこそ暴力沙汰になるかもしれない。内側にエネルギーを爆発させると、そのエネルギーで身体を壊すことになる。身体にくるか、精神的にバランスを崩すか・・・。

どちらにしろ不満のエネルギーを溜めると、ろくなことにはならないってこと。自分の意見を言うことも許されず、いつもねじ伏せられている環境にいるなら、すぐにそこから逃げることをお勧めするわ。

そんなこと言っても、仕事しなきゃ生きていけないんだから、少しくらい仕方ない、って思うかもしれないけど、身体を壊して病気になったら、それこそ仕事どころじゃなくなるわよ。なら、そんなことになる前に、違う環境に行ったほうがいいんじゃない。どっちにしろ、みんな正しいってことなのよ。みんな自分が正しいと思ってるってことがわかってればいいの。たとえ、ねじ伏せられたとしてもそんなに悔しくなくなるわ。あ〜、あの人は自分の意見が正しいと思ってるだけなんだって、冷静に思えるようになる。

自分が否定されたわけじゃないって思えるようになると、気持ちも広く持つことができるでしょ。そして、自分が間違ってるって思って自信をなくすこともなくなる。もしかしたらそのときは、自分の意見をひっこめることになったとしても、その人と対等であると思うことができるから、ねじ伏せられたという不満も感じなくなる。

そしてね、百人いれば百の正解があるってことが心底理解できれば、ケンカじゃなくて冷静に意見を出し合うことができるようになって、とても良い関係を築くことができるの。でも、私がそう思っていても、相手がそれを認めなければ同じことじゃないの？　って思う？　そうじゃないのよね。あなたがそれを理解できれば、あなたの態度も堂々としてくるから、相手も今までみたいに力でねじ伏せることができなくなるの。

あなたの出すエネルギーが変わると、相手の態度も変わるの。だから、もう力技でねじ伏せられることはなくなるの。これが、受け入れないってこと。エネルギーが堂々としてる人には、無理なことはできないのよ。

言葉で表現するのは難しいし、理解しにくいとは思うけど、一度体験するとすぐにわかるわ。

「私は正しい、間違えてるのはお前だ」・・・という言葉を「私は正しい、そしてあなたも正しい、みんな正しい」・・・っていう言葉に変えてみて！　うまくいくようになるから。

チェンジ 16

「私は正しい、そして、あなたも正しい、みんな正しい」・・・を口ぐせにする。

ミナミ：ちょっといいですか？「そこは考えなくていい」も「私は正しい、そして、あなたも正しい、みんな正しい」もわかるんだけどね。

もちろんそうしようとはするけどね、でもやっぱり引きずるというかぁ、もやもやした気分から抜け出せないというかぁ、人間、そんなにスキッとすぐに気分を変えることができないこともあるのよねぇ。

そんなときに、すぐにご機嫌さんになる簡単な方法ってないの？

ミナミさんからリクエストきましたけど・・・
さくやさん、何かありますか？　エクササイズみたいな感じのもの？
すぐに気持ちを切り替えることができる方法ね。

わかったわ。それじゃ、過去と未来をどう捉えるか、そこから説明していくわね。

未来って、過去からの続きだと思ってない？　過去がこうだったから、その続きの未来はこうなる、って予測してない？　違うのよね。過去と未来は、まったく何も関係ないの。過去のデータは、未来にはまったく使えないのよ。過去の経験から鑑みて、このような未来になると思われる的な予測をしてるでしょ？　そんな予測をするから、そんな未来になるの。

思考が先、現実はあと！

過去ってね、一瞬一瞬の今の積み重ねなの。

パラパラ漫画みたいなものだと思ってちょうだい。
今のあなたの後ろに、あなたが今まで描いてきた絵が、たくさん収納されているボックスがあるとイメージしてみて。一瞬一瞬に一枚ずつの絵をあなたは描いているの。その絵が順番に収納されているボックスが過去。だから、過去っていうのはつながっていないの。その収納されているたくさんの絵をパラパラすると動いているように見えるでしょ。それがあなたが思っている過去なの。ここまで大丈夫？

だから過去に描いた絵と、今から描く絵は、まったく関係ないのよね。

過去にこんな絵を描いたから、これからも同じような絵を描かなければいけないってことはないでしょ？　今、どんな絵を描きたいか、ど

んな絵を描いているかで、今の現実は変わってくるの。

例えばねちょっと前にイヤなことがあったとするでしょ。それをずっと引きずっていると、ずっとイヤな気持ちの絵を描き続けることになる。今の気持ちがまた次の絵を描くことになるんだから、今の気持ちがイヤな気持ちならば、次もまたイヤな気持ちの絵になる。

でもね、もうイヤな気持ちの絵は描きたくない、描かないぞって今決めて、違う気持ちの絵を描けば、次の絵は違う気持ちの絵になるってこと。

イヤな気持ちを引きずっていれば、その感情がもとになって、次もまたイヤな現実にいることになる・・・思考が先、現実はあと・・・。

でも、過去のイヤな気持ちを引きずるのをやめて、違う気持ちに転換すれば、次の現実は転換した気持ちを感じる現実になるってこと。

言葉だけじゃ難しいかしら?

過去に失恋したとするじゃない。いつまでもその失恋の悲しみを引きずっていると、そこから抜け出すことができなくて、ずっと失恋した現実を体験し続けることになる。失恋した自分は、もう恋愛なんてできないって思えば、思考が先、現実があとだから、恋愛できない現実が起きてくる。

でも、過去の失恋は過去のこと。私は引きずるのをやめて、もっと素敵な人を探すって思えれば、気持ちも変わるから、また恋愛できる現実を創ることができるのよ。失恋した悲しい過去のデータは、未来には関係なくなるの。

今まで青い絵ばかりを描いていたけど、今からはいろんな色を織り交ぜた絵を描くって決めれば、違う絵を描くことができる。違う絵を描くということは、過去とはまったく違う未来を描くこと。

絵っていうのは、感情の影響が大きいのね。失恋の悲しみも感情でしょ。その感情を引きずるから、ずっと悲しい現実を創り続けることになる。ならば、その悲しい感情を引きずるのをやめて、楽しい感情に変えれば、今度は楽しい感情を体験する現実を創ることができるの。

過去が未来へずっとそのまま続いている、と思っていると、そんなことできるわけないって思うかもしれないけど、時間が一枚の絵だということが分かれば、一枚の絵を変えるだけで過去とはまったく違う未来を創ることができるのがわかるでしょ。

無意識でいると、ずっとそのまま引きずってしまうけど、そこをちょっと意識して自分の感情や思考を変えることができれば、自分でこれから創る未来を好きなものに変えることができる。暗く重い色の絵を、明るく軽い色の絵にすることができるの（まぁ、暗く重い絵のほうが好きな人もいるから、それはその人の自由だけどね）。

じゃあ、気分を変えるにはどうすればいいの？

ってことだけど、あなたたちもよく使う言葉・・・気分転換すればいいのよ（笑）。

なんかイヤなことがあって、気持ちが落ちてるなって思ったら、自分の好きなことを考えればいいの。

あなたたちは無意識のままでいると、そのままイヤなことばかり繰り返し考えてしまうくせがあるから、意図して、ちょっと無理にでもそこから離れるようにするの。

好きな人とデートしている場面を思い出すとか、好きなマンガを読むとか、好きな音楽を聴くとか、思考のフォーカスを変えるようにすればいいのよ。

嫌なほうにフォーカスしてたら、ずっとそこにいるだけ。ならば意識して、自分でフォーカスを変えるしかない。

同じ時間を過ごすならば、楽しいほうがいいんじゃない？　思考がフォーカスする方向に現実をできるのであれば、いつまでもイヤなところにフォーカスするんじゃなくて、楽しい方向へフォーカスして楽しい現実を創るほうがいいんじゃない？

あなたたちは、どうしても重い方へフォーカスするくせがある。だから、意識してそのフォーカスを変える習慣をつけてみて。習慣にすればそれがくせになるから、くせになりさえすれば放っといても気がついたらすぐに気分転換できるようになるわ。

そしたら、過去なんてどうでもよくなる。これから創る未来があなたの望むように好きに創れるわよ。

気分転換の方法は、人それぞれ、あなたの一番良い方法を見つけてね。

さあ、いよいよステージ10に入ります。

さくやさんから、あなたへ

おまじない？・・・のプレゼント。

さて、その言葉とは？

「ま、いっか（まぁ、いいか）」

この言葉は、人生を楽に生きるためのおまじない（笑）。
人生はね、適当でいいの、適当で・・・。
難しく、まじめに、深刻になるから生きにくくなるのよ。
適当・・・そのときに一番当てはまること・・・に生きれば、
楽になるわよ。

だいたいねぇ〜、あなたはいつも、こうでなければいけない、って考えすぎなの。
こうでなければ自分はダメになってしまう。ダメな人間として見られてしまう。
だから、頑張んなきゃって思って、自分で自分を縛り付けて苦しくなってるだけ。

「ま、いっか・・・今は何も困ってないいんだしぃ〜・・・」

これでいいんじゃない？　深刻になってもならなくても一緒なら、深刻になって暗くなる必要はないよね。そしてね、深刻になるとエネルギーが落ちるから、そこから出ることができなくなるの。ずっと、そこに居続けることになる。そこから抜けるアイディアが出なくなるの。

「ま、いっか」・・・って軽く考えることができれば
エネルギーも軽くなるから、いろんなアイディアも湧いてくるのよ。そうでしょ。

ドヨ～ンとした気分のときって良い考えが浮かばないでしょ。悪いと思う方向へしか思考が向かないよね。悪い方向ばかり考えてると、それがまたドヨ～ンの原因になって、またもっと重くなるっていう悪循環に陥ることになる。だから、その悪循環を断ち切るために、

「ま、いっか」の言葉が役立つのよ。

こうしなければならない。これが正当な生き方だ。
これが正しい生き方だ・・・っていう考えが出てきたら
「ま、いっか・・」ってつぶやいてごらん（笑）。
すごく楽になるから。

チェンジ　17

「ま、いっか」・・・
を口ぐせにする！

エピローグ　究極の口ぐせ

光も音も色もエネルギーです。
すべては波動エネルギーなのです。
言葉も音でありエネルギーなのです。
エネルギーには良い悪いはありません。
でも、重い軽いはあるのです。

たとえば、嬉しい・・・という言葉を口に出したときと、
悲しい・・・と口に出したときの気持ちの違いはわかりますね。
特にそのときに何も原因がなくても、
言葉ひとつで気分が変わるのがわかると思います。

それは、言葉に乗っているエネルギーが違うからなのです。

音楽も気分を変えてくれますね。
軽くて明るい音楽を聴くと気持ちも軽くなります。
でも、暗い雰囲気の音楽を聴くと気持ちは重くなります。
それも音に乗るエネルギーの違いなのです。
言葉も音のエネルギーですので同じことが言えます。

その言葉の中でも、「ありがとうございます」「感謝します」・・・という音のエネルギーはとても軽いのです。

その軽いエネルギーをいつも口から出していると、
知らず知らずのうちにその軽い言葉のエネルギーと共振して、
あなたの気持ちも軽くなるのです。

特に対象はいりません・・・誰か対象をつくって、その対象に向かって言う必要はないのです。ただ、その言葉（音）の波動に共振するために口から出してください。

その言葉を口ぐせにしていると、その軽いエネルギーと常に共振することになりますので、
あなたの波動も軽くなります。
波動が軽くなるとどうなるのでしょうか？
思考が前向き（いわゆるポジティブ）になります。
あなたも経験があると思いますが・・・何かイヤなことがあったときは
何に対しても、あまり良い考えは出てきませんね。
内向きになり、自分を責めたりしても解決方法は出てこないのです。

でも、気持ちが前向きなときは、少しくらいのことがあっても
前向きでいることができるのです。

気持ちが前向きのときは、少々のトラブルがあっても
それを乗り越えるという気持ちになります。
その気持ちがあると、たくさんのアイディアが出てきて、
そしてそのアイディアを行動に移すことができますので、
トラブルを解決することができるようになるのです。

でも、ポジティブになりなさいと言われても、
そんな気分でいられないときもあります。
ポジティブになろうと思えば思うほど、そうなれないものなのです。
思えば思うほど、反対にもっと落ち込んでしまうこともあります。
それはフォーカスが、反対にネガティブにいってしまうからです。

だから思考で無理にポジティブにしようと思わなくても、
この言葉を口ぐせにすることで、
その言葉のエネルギーと共振するだけでいいんです。
ただ共振しているだけで、気がついたらポジティブな考え方に変わっている
・・・という感じでしょうか？

特に修行も努力もいらないのです。

軽い言葉（音）と常に共振することだけで、

あなたのエネルギーは軽くなり、

考え方も軽く（前向きに）なるのです。

とても簡単ですね。

そして最後の言葉・・・できました・・・ですが、これはあなたのついついやってしまいがちな思考を止めてくれる言葉なのです。

あなたは無意識でいると、ネガティブな方向へ思考がいってしまうように教育されてしまっています。常に競争の中にいて、いつも人と比べることが習慣になってしまい、いつも自分はダメだ、できない・・・という低いセルフイメージを持ってしまっているのです。

何かしようと思うとき、すぐに反射的に

〝無理だ、できない〟という思考が出てきます。

それをキャンセルしてくれる言葉（音）なのです。

あなたは意識していないかもしれませんが、
常に頭の中で自分を否定してしまっています。
無意識で、できないと言い続けているんです。
その習慣（くせ）を持っている限り、できない現実を創造します。
思考はエネルギー・・・思考が先、現実はあと・・・だからです。

ですから、その思考を変えてしまえばいいんです。
すぐに出てくる〝できない〟という思考をすぐにキャンセルし、
〝できる〟に入れかえればいいんです。
常に思考している言葉を変えればいいだけのことなのです。

何ができた・・・と考える必要はありません。
ただ、すぐに否定する口ぐせを、
肯定する口ぐせに変える・・・それだけなのです。

いつも口に出している言葉が、あなたの思考になります。
すぐに反射的に出てくる言葉が、あなたの思考なのです。
ならば、少し意図して言葉をかえれば、
あなたの思考も変わるということになりますね。

そして、過去形であることが重要なのです。

「できる」・・・という言葉を使うと、未来のことになります。

そうするとまたそこに本当にできるのか？　という不安の思考が入り込んでしまうのです。だから、意図的に過去形を使います。

「できました、できました、できました」・・・と常に頭の中でリフレインしていてください。
口ぐせにしてください・・・それがあなたの思考になるのです。
あなたの思考が〝できない〟、から〝できました〟に変われば、
あなたは何でもできるようになります。

「ありがとうございます」、「感謝します」・・・の軽い言葉で、
あなたの波動を軽くすることで前向き（ポジティブ）な思考になります。
そして、「できました」の言葉は・・・すぐに〝できない〟と
否定していたことが、「できました」という肯定に入れかわるのです。
最強な言葉のタッグですね（笑）。
この言葉を口ぐせにするだけで、
あなたの創造する現実は大きく変わります。
この言葉を常に三回ずつ繰り返して言ってください。
一回よりも三回のほうがパワフルだからです。

究極の口ぐせ・・・

「ありがとうございます」×3

「感謝します」×3、

「できました」×3・・・

を使って、あなたの現実を

あなたにとって最高のものにしてくださいね。

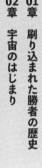

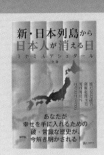

縄文を創った男たち
～信長、秀吉、そして家康～

さくや　みなみ　著　　イラスト　みづ

上巻
1320円（税込）

上巻

縄文人のような世の中を創りたい」

原作「新・日本列島から日本人が消える日」より、
SF戦国ライトノベルとして驚きの戦国ストーリーがここに誕生！
縄文の時代のような理想の世の中を創ろうと語り合い、
密かに約束を交わした「信長」「秀吉」「家康」の三人。
戦がなく、身分に差もなく、誰もが笑い、楽しく暮らせる世の中。
ここに描かれているのは、天下を統一し、
そんな世の中を実現するため、知恵と勇気を振り絞り、
自分たちの手で歴史を創り上げていく武将たちの姿です。
奇妙な行動で「うつけ」と呼ばれた
信長の幼い頃からストーリーは始まります。
宇宙人の化身の猫「さくや」に見守られ、
天下統一とその後の世の中の筋書きを描く信長。
織田家に人質として預けられた家康との温かい交流と友情、
天下統一に動き出してから家臣となった秀吉の目を見張る働き。
そして、信長の正室「濃姫」、
妹の「お市の方」、秀吉の想い人「ねね」など、
潔く美しい生き方をする戦国の女性たち……。
上巻では「本能寺」で、信長が打った大芝居。
「よくやった光秀！」〈下巻に続く〉

YouTube で配信中！

ミナミ A アシュタール Radio

出演

アシュタール（メッセージ）

ミナミ（通訳者）

みづ（イラスト）

アシュタールのメッセージを
ミナミが直接お届けするチャンネルです。
『ミナミのライトらいとライフ～ light,right,life~』に
毎日書かれているアシュタールのメッセージを、
ミナミの声とみづの自然溢れるイラストで
皆さんにおとどけいたします。

『ミナミのライトらいとライフ～ light,right,life~』
https://ameblo.jp/kuni-isle/

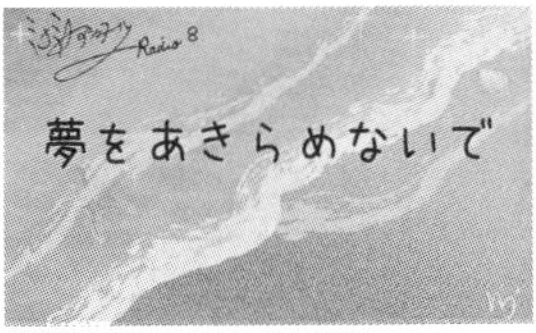

ミナミ A アシュタール

ミナミ A アシュタールは、宇宙人のさくや、アシュタール、
地球人のミナミ、あつしとでつくっているチームです。

ミナミ

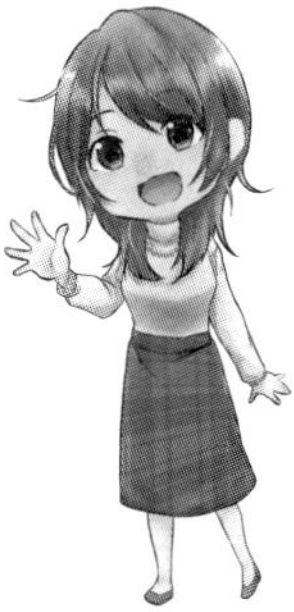

幼少期に、 超感覚に目覚める。

ある日に他の子供たちと違うことを自覚し、その不思議な感覚を封印した。

大学卒業後は CA となり国際線勤務。結婚して波乱の人生を経験した。

その後に、女優として映画・テレビ・舞台で活躍。

そんなある日のこと、封印していた超感覚が復活する。

株式会社 Muu を設立し、サロンをオープン。

ブログを始め、チャネリングメッセージを発信。

人気ブログランキングで自己啓発部門トップとなる。

ワークショップ、セミナー、トークショーを全国で開催している。

YouTube での超次元ライブ「迷宮からの脱出　パラレルワールドを移行せよ！」では、
さくやさんのメッセージの通訳を担当している他、ミナミ A アシュタール Radio で
アシュタールのメッセージを伝えている。

ミナミのライトらいとライフ
https://ameblo.jp/kuni-isle/

破・常識　あつし

教師になるため、大学に進学。
しかし突然、俳優になるために 18 歳で上京した。
5 年の俳優養成期間を経て劇団に入りプロの役者となる。
メインキャストとして 2000 を超える舞台に立つ。
テレビ、映画、声優として活動する。
その後突然 22 年間在籍した劇団を退団し、俳優を休業。
株式会社 Muu を設立。
カウンセラー・セラピストになり、全国でセミナー、ワークショップ、
トークショーをプロデュースし、講師として活躍。
ブログで、真実の日本の歴史をはじめ、宇宙人のメッセージを発信。
YouTube での超次元ライブ「迷宮からの脱出　パラレルワールドを移行せよ！」では、
MC とプロデュースを手掛けている。

破・常識あつしの歴史ドラマブログ！
https ://5am5.blog.fc2.com/

【身体を持って次の次元へ行く 1】

発行　2021年　5月25日　第1刷発行
　　　　2022年11月18日　第6刷発行

著者　ミナミAアシュタール

カバーデザイン　みづ

発行者 / 発売元　株式会社　破常識屋出版

https://www.ha-joshikiya.com/

〒252-0804

神奈川県藤沢市湘南台2-16-5　湘南台ビル2F

電話番号　0466-46-6411

印刷製本　中央精版印刷株式会社

ISBN 978-4-910000-04-6